Ateísmo Remix nos proporc[iona uma] resposta oportuna ao *Neo-ateísm*[o. Judicioso e perspicaz], este livro esclarece a eruditos, pastores e estudantes os assuntos primordiais que precisam ser abordados a fim de confrontarem a maneira de pensar de Dawkins, Harris, Hitchens e outros. Parabenizo Albert Mohler por sua clareza e convicção em ajudar-nos a entender que o teísmo bíblico é a única alternativa verdadeira ao *Neo-ateísmo*. Recomendo com prazer este livro.

DAVID S. DOCKERY
Presidente, Union University

O grande valor destas palestras transformadas em livro é a amplitude de sua abordagem. Em vez de tornar-se mais uma voz a promover debates entre os cristãos e o *Neo-ateísmo*, Dr. Mohler resolveu dar-nos uma abordagem habilidosa dos escritores predominantes em ambos os lados. Confirmo, com alegria, quão cuidadosas e penetrantes são as análises e avaliações do Dr. Mohler. Não conheço nenhuma outra introdução a este debate crucial que seja tão abrangente e clara como esse breve tratado. Mohler nos mostra o que está acontecendo, revela-nos quantas coisas dependem do resultado desta mudança cultural tremenda e nos direciona aos recursos que os cristãos necessitam para desafiar a fonte e as ramificações do *Neo-ateísmo*.

D. A. CARSON
Professor de Pesquisas, Trinity Evangelical Divinity School

O *Neo*-ateísmo demanda uma análise inteligente e sincera. *Ateísmo Remix* faz isso, e o faz muito bem. Al Mohler é claro e sucinto em sua crítica. E a agradabilidade de leitura deste livro torna-o acessível a inúmeras pessoas. É uma excelente introdução e avaliação daqueles que se declaram os "Quatro Cavaleiros" do ateísmo. Eles são examinados, e seus argumentos, expostos como vazios.

DANIEL AKIN
Presidente, Southeastern Baptist Theological Seminary

r. albert mohler jr.

ateísmo
REMIX

um confronto cristão aos novos ateístas

FIEL Editora

M698a   R. Albert Mohler Jr
         Ateísmo remix : um confronto cristão aos novos
     ateístas / R. Albert Mohler Jr. ; [tradução Francisco
     Wellington Ferreira]. -- 2. reimpr. -- São José dos Campos,
     SP : Editora Fiel, 2018.

         101 p.
         Tradução de: Atheism Remix.
         ISBN 9788599145593

         1. Cristianismo e ateísmo I. Título.

                                                    CDD-261.21

     Catalogação na publicação: Mariana C. de Melo Pedrosa – CRB01/6477

Ateísmo REMIX
Traduzido do original em inglês
Atheism Remix, por R. Albert Mohler Jr.

Copyright © 2008 by R. Albert Mohler Jr.

•

Publicado por Crossway Books,
Um ministério de publicações de Good
News Publishers
Wheaton, Illinois 60187, U.S.A
Esta edição foi publicada com permissão
de Good News Publishers.

•

Copyright © 2009 Editora Fiel
1ª Edição em Português

*Todos os direitos em língua portuguesa
reservados por Editora Fiel da Missão
Evangélica Literária*
PROIBIDA A REPRODUÇÃO DESTE LIVRO
POR QUAISQUER MEIOS, SEM A PERMISSÃO
ESCRITA DOS EDITORES, SALVO EM BREVES
CITAÇÕES, COM INDICAÇÃO DA FONTE.

•

Diretor: Tiago J. Santos Filho
Editor: Tiago J. Santos Filho
Tradução: Francisco Wellington Ferreira
Revisão: Franklin Ferreira
    e Tiago J. Santos Filho
Diagramação: Spress
Capa: Jon MacGrath
ISBN impresso: 978-85-99145-59-3
ISBN e-book: 978-85-8132-048-9

FIEL
Editora

Caixa Postal, 1601
CEP 12230-971
São José dos Campos-SP
PABX.: (12) 3919-9999
www.editorafiel.com.br

A meus pais,
DICK e JANET MOHLER,

Que alicerçaram-me na fé,
Sustentaram-me com amor e
Estimularam minhas perguntas.

SUMÁRIO

Prefácio à Edição em Português 9

Introdução 15

1 O *Neo-ateísmo* e
o estágio final do secularismo 19

2 O *Neo-ateísmo* e
o ataque ao teísmo 41

3 O *Neo-ateísmo* e
a defesa do teísmo 63

4 O *Neo-ateísmo* e
o futuro do cristianismo 83

PREFÁCIO À EDIÇÃO EM PORTUGUÊS

O dito mais irônico do que cômico: "sou ateu, graças a Deus", não causaria estranheza ao apóstolo Paulo. No início da epístola aos Romanos, ele afirma que os supostos ateus se tornam indesculpáveis exatamente porque o conhecimento de Deus é universal – revelado e patente até àqueles que rejeitam esse conhecimento (os quais, em sua recusa, "não o glorificaram como Deus, nem lhe deram graças" – Rm 1: 21). A negação da inescapável auto-revelação de Deus, motivada pela rebeldia e caracterizada pela supressão e distorção das evidências, resulta, ainda de acordo com o apóstolo, em obscurecimento, desonestidade intelectual e, finalmente, degradação moral (Rm 1: 19-32). De fato, a mera compreensão da dinâmica descrita pelo apóstolo já fornece base mais que suficiente para desnudar o ateísmo, exibindo tanto seus contornos quanto suas motivações.

O antigo ateísmo, entretanto, até um passado recente, manifesta-se em formas e vestes mais ordinárias. Velhas cantilenas, mas, primariamente, variações nos mesmos e batidos temas. Para Bertrand Russel, num ateísmo revestido de agnosticismo, justificava a descrença com a desculpa de "evidências insuficientes". Já os três magos da suspeição, Freud, Nietzsche e Marx, justificavam a negação de Deus lançando dúvida sobre as motivações dos que detêm a ilusão da crença em Deus: "consolação diante das vicissitudes da vida", diria um; "ferramenta de dominação", exclamaria outro, enquanto o outro ainda esboçaria um leve sorriso zombeteiro, dizendo: "coisa de gente fraca para encobrir fraquezas".

Tanto o ateísmo *evidencial* (com variações agnósticas, cientificistas, teológicas ou filosóficas) quanto o ateísmo da suspeição (talvez o ataque mais crítico contra a religião nos séculos XIX e XX) não apresentaram qualquer elemento ou acusação contra a fé que não tivesse sido usado anteriormente. Seus ataques eram agudos, mas passíveis de resposta: Não há evidência suficiente? Uma discussão competente dos próprios conceitos de evidência e da racionalidade, acompanhada de uma boa dose de suspeição quanto à forma em que as evidências são coletadas e tratadas, já começa a enfraquecer a alegação. Ataques às motivações por trás da religião? A suspeição é espada de dois gumes, corta também *ad hominem* em relação às motivações subjacentes a descrença. Além disso, suspeitar das motivações daqueles que crêem, em nada invalida as premissas que professam. No final das contas, era sempre possível, com algum cuidado, argumentar que "o ateu não consegue achar Deus pela mesma razão que o ladrão não acha o policial".[1]

O cenário, entretanto, já não é o mesmo. Um novo ateísmo, mais militante, mais "evangelístico" e mais marqueteiro surge no *playground* intelectual e popular. Um ateísmo que junta as duas correntes do passado e apresenta-as em um só pacote preparado para a condição pós-moderna. Pensadores, tais quais Richard Dawkins, Christopher Hitchens, Daniel Dennet e Sam Harris (que têm sido chamado de "quatro cavaleiros" do novo apoca-

---

[1] WATER, Mark, org. *The New Encyclopedia of Christian Quotations*. Grand Rapids: Baker Books, 1995. p. 86.

Prefácio à Edição em Português

lipse ateísta), ou também filósofos, como Michael Onfray e A. C. Grayling, emergem quais profetas de um ateísmo de contornos quase-religiosos, um fundamentalismo ateísta ativista. Antes, um apologista cristão passional poderia expressar frustração mais ou menos assim: "Senhor, dá-me a serenidade para aceitar as coisas que não posso mudar, a coragem para mudar as coisas que posso e a sabedoria para não estrangular os ateus cabeças-duras que não conseguem ver-te quando estás bem à frente dos narizes deles."[2][2]

Hoje, ele é confrontado com homens que se auto-elegem profetas de um combate contra a religião, militantes na guerra contra a crença em Deus. Crença que não mais consideram apenas ingênua e desnecessária, mas antes, perigosa – algo que o mundo atual não só não deve encorajar, mas, nem mesmo, tolerar.

Tais novos ateístas proclamam suas próprias verdades cobertos das vestes de sumos sacerdotes da ciência. Suas idéias, mesmo as mais especulativas e excêntricas, não são apenas proclamadas de suas cátedras nas mais respeitadas universidades, mas são também rapidamente reproduzidas e popularizadas por meio de debates, produções televisivas, livros populares, entrevistas na mídia popular e até *outdoors* – quem já não viu os pôsteres colocados nos ônibus londrinos: "Provavelmente não há Deus. Portanto, deixe de se preocupar e aproveite sua vida".[3][3]

2[2] Ibid.
3[3] Uma gama de exemplos das ações "apologéticas" e "evangelisticas" destes novos ateístas pode ser encontrada, por exemplo, no sítio eletrônico do próprio Dawkins, http://richarddawkins.net/. Na campanha para angariar fundos para as propagandas ateístas nos onibus londrinos há oferta de Richard Dawkins dobrando os valores doados por contribuintes. As fotos dos onibus londrinos, assim como outras ações de mídia e, especialmente, um video contra uma cosmovixão bíblica, estão em http://www.atheistcampaign.org/ e em http://www.guardian.co.uk/commentisfree/2008/oct/21/religion-advertising (todos os acessos em 30-04-2009, 13h:50m).

Este é o contexto que motivou o Dr. Mohler durante uma série de palestras no Seminário Teológico de Dallas em 2008 (o circuito W. H. Griffith Thomas de palestras anuais). Organizadas ao redor de quatro temas principais, suas palestras identificaram o novo ateísmo como culminância natural do secularismo, delinearam o contorno dos novos ataques à crença em Deus, apontaram o caminho para a defesa da fé e levantaram alguns prognósticos. A presente obra apresenta o conteúdo das palestras, em forma literária.

Talvez seja importante preparar o leitor para aquilo que não vai encontrar neste excelente livro. Em primeiro lugar, Al Mohler não pretende oferecer resposta pontual ou crítica específica dos argumentos dos novos ateístas. Esse trabalho, também importante, tem sido desenvolvido por outros pensadores cristãos, apologistas, cientistas e filósofos, tais como, por exemplo, Alister McGrath e John Lennox. Em segundo lugar, Mohler não procura simplesmente ajuntar uma série de evidências em contraponto às oferecidas pelos pensadores do novo ateísmo nem procede a uma simples crítica *ad hominem,* acerca das motivações deles. Seu livro não é dirigido primariamente aos adeptos do velho ou do novo ateísmo.

O que o livro oferece, entretanto, é uma crítica sistêmica, com direcionamento transcendental, onde a estrutura dos pressupostos do novo ateísmo é identificada e trazida à luz – justificando a consideração da obra como sendo genial mesmo que seja contribuição preliminar. Uma vez identificado o arcabouço, o que o autor faz com bastante habilidade e perspicácia, Mohler procede a uma argumentação indireta em que ficam patentes tanto as implicações quanto as bases posicionais do novo ateísmo. Ele demonstra claramente que tanto as respostas do liberalismo teão inadequadas,

Prefácio à Edição em Português

quanto é inócua a mera contra-argumentação. Finalmente, reconhecendo inclusive o fato de que os novos ateístas têm percebido algo que escapa a muitos apologistas cristãos, Mohler instrui com clareza como o cristão só poderá responder adequadamente se reconhecer a verdadeira linha de antítese: a verdadeira questão, o verdadeiro combate, não é entre ateísmo e religião genérica, entre ateísmo e espiritualidade, mas sim entre o ateísmo e o teísmo bíblico.

Finalmente, vale lembrar que o jovem Mohler (ainda não chegou aos 50 anos de idade) tem sido um dos mais importantes pensadores nos círculos batistas da América do Norte a conclamar seus pares a um retorno às raízes calvinistas. Destarte, não é surpresa que, escrevendo para instruir cristãos sobre a santificação de Cristo como Senhor dos corações, "estando sempre preparados para responder a todo aquele que pedir razão da esperança" que os sustenta (1Pe 3: 15) – neste caso, o desafio do remix ateísta – Mohler o faça com a plena consciência que "cada vez que um homem se comunica com outro, quer saiba quer não, até mesmo, se for o maior blasfemo que já viveu ou o ateu insultuoso de Deus, até mesmo em seu xingamento, até quando diz 'não há Deus', ele testifica quanto ao que Deus é."[4][4]

Nosso desejo é de que o leitor do *Ateísmo Remix* não pense que tem em mãos simplesmente uma resposta pronta para o desafio do novo ateísmo, mas, antes, um guia introdutório sério, hábil e perspicaz, que inspire a resposta cada vez mais bíblica e mais profunda. Nas palavras do próprio Dr. Mohler, uma resposta "ao desafio do novo ateísmo, plena de convic-

---

4[4] SCHAEFFER, Francis. *Genesis in Space and Time*. Downers Grove: InterVarsity, 1973. (minha tradução)

ção", na qual a tarefa de "articular, comunicar e defender a fé cristã" seja cumprida com "integridade intelectual e urgência evangelística".

credere aude!

Rev. Dr. Davi Charles Gomes
Ministro da Igreja Presbiteriana do Brasil, professor de teologia e filosofia e diretor do Centro Presbiteriano de Pós-Graduação Andrew Jumper.

São Paulo, maio de 2009

INTRODUÇÃO

Ateísmo não é um conceito novo. Até a Bíblia fala sobre uma pessoa que diz em seu coração: "Não há Deus".[1] O ateísmo se tornou uma cosmovisão organizada e reconhecida publicamente como conseqüência do Iluminismo e tem mantido resistência na cultura ocidental desde aquela época. Não crer em Deus se tornou parte do panorama cultural desde os anos 1960, quando a revista *Time* publicou o artigo de capa "Deus está morto?", que parecia anunciar a chegada de uma nova era secular.[2]

No entanto, o ateísmo tem representado somente uma minoria entre os norte-americanos. Pesquisas estimam que os ateístas representam menos do que 2% da população, e o grupo maior de "não filiados" inclui aproximadamente 15%. Os ateístas têm publicado livros, realizado seminários, apresentado seus pontos de vista nos meios de comunicação e aprimorado seus argumentos em debates públicos. A cosmovisão do ateísmo tem sido representada abundantemente pelas elites intelectuais, e os ateístas têm falado ampla, mas não exclusivamente, aos seus seguidores.

---

1 Salmos 14.1.
2 FUERBRINGER, Otto (ed.), "Is God dead?", *Time*, v. 87, n. 14, April 1966.

Tome um avião, assente-se para um vôo e observe o que os outros passageiros estão lendo. Provavelmente, você perceberá, enquanto olha ao redor da aeronave, pessoas lendo obras que representam uma nova onda de ateísmo. O chamado *Neo*-ateísmo tem escrito best-sellers que superaram em muito o número tradicional de leitores para tais livros. Obras escritas por Richard Dawkins e Christopher Hitchens têm passado semanas e meses na lista dos mais vendidos do *New York Times*. É evidente que algo está acontecendo.

* * *

O *Neo*-ateísmo não é somente uma reafirmação do ateísmo. É um movimento que representa um desafio público ao cristianismo muito maior do que o desafio apresentado pelos movimentos ateístas anteriores. Além disso, o *Neo*-ateísmo não é apenas outro exemplo de promoção de uma idéia na era pós-moderna. Os novos ateístas são, à sua própria maneira, evangelistas em sua intenção e ambiciosos em sua esperança. Vêem o ateísmo como a única cosmovisão lógica para nosso tempo e a fé em Deus como tremendamente perigosa — um produto do passado, que não podemos mais tolerar ou, muito menos, estimular.

Vêem a ciência como que do lado deles e argumentam que o conhecimento científico é o único conhecimento verdadeiro. Argumentam que a fé em Deus é ignorância institucionalizada, as crenças teístas levam à violência e o ateísmo é liberdade. Ficam chocados e admirados com o fato de que as pessoas se recusam a seguir as predições dos teóricos da secularização, os quais têm garantido que a crença em Deus será dissolvida pelos ácidos da modernidade. Acrescentaram novos (e impor-

Introdução

tantes) argumentos ao arsenal do ateísmo. Escrevem com base em posições privilegiadas e sabem como dar boa apresentação às suas idéias.

Os novos ateístas representam um grande desafio à igreja e à teologia cristã. *Ateísmo Remix* se baseia nas palestras da Conferência W. H. *Griffith Thomas*, ministradas em 2008, no *Dallas Theological Seminary*. O Dr. Griffith Thomas foi um dos fundadores daquele seminário e um resoluto defensor da fé cristã. Se fosse vivo hoje, veria o *Neo*-ateísmo como um desafio teológico que demanda nosso envolvimento ativo e reflexão diligente. Ele estaria certo.

Expresso minha gratidão ao presidente Mark Bailey e ao corpo docente do *Dallas Theological Seminary* pelo convite para que eu ministrasse as palestras da conferência em 2008, bem como aos estudantes por sua audiência respeitosa e atenta. Eles, juntamente com os estudantes que vejo todos os dias no *Southern Baptist Theological Seminary*, representam a geração que não pode evitar o confronto com o *Neo*-ateísmo. Ele não desaparecerá logo.

Também quero expressar minha gratidão a Greg Gilbert, diretor de pesquisa em meu escritório, que tem sido um grande auxílio em minhas palestras, bem como aos meus vários amigos e colegas que contribuíram no aprimoramento de minhas idéias neste novo desafio.

Como sempre, sou grato à minha esposa, Mary, por seu constante apoio e cuidado, sem os quais nenhuma destas idéias teriam sido publicadas, e aos nossos filhos, Katie e Christopher, que me amam e me proporcionam alegria.

CAPÍTULO 1

O Neo-ateísmo e o estágio final do secularismo

Há vários anos, assisti a uma palestra em que fui cativado por um pensamento que nunca me abandonou. O palestrante era o Dr. Heiko Obermann, o grande e agora falecido historiador do final da Idade Média e do início da Reforma. No meio de sua palestra, ele contemplou o seu auditório, parou, pensou e disse, numa paráfrase minha: "Posso ver que vocês não entendem o que estou lhes dizendo. O que estou lhes dizendo é que vocês não vivem como Martinho Lutero viveu. Não se levantam pela manhã como ele se levantava; tampouco vão para cama, à noite, da maneira como ele o fazia. Precisam entender algo a respeito das mudanças nas situações de crença. Vocês não entendem que no tempo de Martinho Lutero quase todas as pessoas na civilização européia acordavam temerosas de que morreriam antes do cair da noite? O destino eterno era um pensamento ventilado a cada dia, a cada hora, a cada minuto. Todas as noites, quando uma pessoa que vivia no final da Idade Média ou no início da Reforma fechava os seus olhos, ela temia acordar no céu ou no inferno. Vocês não vivem com esse temor. E isso significa que seu entendimento dessas coisas é bem diferente do entendimento de Martinho Lutero. Essa é a razão por que ele jogava frascos de tinta de escrever no Diabo, e você fecha seu notebook e dorme bem à noite".

Toda esta idéia a respeito das "mudanças nas situações de crença" assume uma nova importância, quando consideramos o movimento que agora chamamos de *Neo*-ateísmo. Algo aconteceu em nossa cultura; e não podemos ignorar isso. Algo mudou, e essa mudança pode ser facilmente avaliada pelas vendas de livros. Os números de venda de livros escritos pelos novos ateístas — dentre os quais os mais notáveis são Richard Dawkins, Daniel Dannett, Sam Harris e Christopher Hitchens — são simplesmente admiráveis. Os livros escritos por eles estão vendendo aos milhões, e três desses autores escreveram livros que têm permanecido durante meses, e não apenas semanas, na lista de best-sellers do *New York Times*. Na história dos livros sobre ateísmo, nunca aconteceu algo semelhante. O ateísmo sempre teve uma audiência diminuta, mas agora se tornou um fenômeno popular em termos de publicações e atenção dos meios de comunicação.

Há pouco tempo, tive uma conversa com um âncora de um telejornal em que ele fez, sem mais nem menos, o seguinte comentário: "Se eu fosse você, daria bastante atenção a esses homens". Quando um âncora de um telejornal está aconselhando os pastores a dar atenção a um movimento cultural, talvez seja tempo de começarmos a ficar atentos. A importância do *Neo*-ateísmo nos meios de comunicação, multiplicada pela sua influência em meio às elites acadêmica e intelectual, significa que o *Neo*-ateísmo representa um desafio significativo à teologia cristã — um desafio que exige nossa mais diligente atenção.

* * *

Uma das perguntas-chave que podemos fazer a respeito do *Neo*-ateísmo é esta: o que torna *novo* o *Neo*-ateísmo? Antes de

O Neo-ateísmo e o estágio final do secularismo

avançarmos muito em nossa interação com esse novo desafio, devemos reconhecer o seguinte fato desde o início: o ateísmo não é algo novo. No Livro de Salmos, Davi afirmou: "Diz o insensato no seu coração: Não há Deus" (Sl 14.1). Com base naquilo com que nos deparamos hoje, até essa afirmação assume conotação diferente. No mundo antigo e através da maior parte da história da humanidade, a pergunta nunca foi se *existe* ou não um Deus, e sim qual deus é Deus. Logo, no Antigo Testamento, um dos propósitos mais pertinentes de Deus era deixar claro que Ele é o *único* Deus e não tolera nenhum outro. Essa é uma pergunta diferente da que predomina em nossos dias.

A palavra ateísmo não aparecia no idioma inglês até o século XVI. O *Oxford English Dictionary* documenta o primeiro uso dessa palavra em 1568, quando ela foi cunhada (ou emprestada de outro idioma) por Miles Coverdale. Em pouco tempo, a palavra achou seu lugar no vocabulário comum. Mesmo naquela época ela era usada somente para descrever um fenômeno que se julgava ser bastante novo — uma negação da crença em Deus. A rejeição pública, ousada e franca da crença em Deus era algo tão novo, que exigia uma nova palavra. É interessante observar que isso aconteceu como conseqüência do que é conhecido pelo nome de Estabelecimento Elisabetano. Elizabete I, da Grã-Bretanha, decidiu acabar com a discórdia dos conflitos relacionados à Reforma decretando um tipo de tolerância religiosa. Eis as suas famosas palavras: "Não tenciono criar janelas na alma dos homens". Como resultado disso, desencadeou-se na sociedade inglesa um pluralismo religioso que não existia antes, incluindo algumas pessoas da periferia da sociedade — limitada em sua maior parte à elite intelectual e a alguns excêntricos culturais — que negavam a crença em qualquer Deus. Essas pessoas eram consideradas perigosas e dignas de repulsa. De fato, eram consideradas dignas de uma nova palavra: *ateístas*. No entanto, mesmo depois do surgimento da palavra no idioma inglês havia poucas pessoas que realmente negavam a crença em Deus. Sem causar-nos surpresa, foi tão-somente depois do Iluminismo que o ateísmo se tornou uma força intelectual. O Iluminismo produziu uma mudança enorme nas condições de crença. Na grande mudança em direção ao indivíduo, na divisão entre o fenomenal e o numenal, como disse Kant em sua famosa proposição, e no surgimento da análise histórica e da ciência moderna, houve uma grande mudança epistemológica na consciência ocidental. E o resultado foi uma nova oportunidade para a negação da crença no sobrenatural e, de modo específico, a negação de um Deus sobrenatural e pessoal. A dúvida passou a ser considerada uma ferramenta intelectual, e surgiu uma cultura da dúvida e do ceticismo. No período que se estendeu do século XVI ao século XVIII, as situações de crença mudaram de modo impressionante.

Uma das maneiras de entendermos o que está acontecendo é considerarmos que tipo de deus foi conservado como conseqüência do pensamento iluminista. Por exemplo, se você considerar atentamente a filosofia de Immanuel Kant, perceberá que ele cria em Deus. Mas não é evidente, de modo algum, que ele cria em um Deus sobrenatural e pessoal — e, com certeza, em um Deus que intervém na história dos homens. O que foi conservado como resultado do Iluminismo não foi uma afirmação monolítica do teísmo, e sim uma abundância de movimentos que também incluíam os céticos e os livres pensadores, bem como deístas e panteístas.

No século XIX, chegamos finalmente aos quatro cavaleiros do apocalipse moderno — Friedrich Nietzsche, Karl Marx, Charles Darwin e Sigmund Freud. Mencionar esses quatro

O Neo-ateísmo e o estágio final do secularismo

nomes juntos significa representar uma poderosa mudança cultural, intelectual e epistemológica. Cada um desses homens contribuiu ao pensamento humano de um modo que mudou as situações de crença, os fundamentos intelectuais de todo o pensamento. Considere, por exemplo, Sigmund Freud. O inconsciente, disse Freud, explica mais do que o consciente. De fato, aquele é o pré-requisito deste. Admitindo isso, é fácil entender por que Freud cria que a religião era uma mera ilusão, que passaria no devido tempo. Antes de Freud, houve em 1859 a publicação de *A Descendência do Homem*,[1] de Charles Darwin. De 1859 até à morte de Freud, no começo da Segunda Guerra Mundial, aconteceu uma mudança completa na maneira de pensar, pelo menos nas classes intelectuais. Nietzsche, o mais áspero e abrasivo desses pensadores, celebrou a morte de Deus. Em seu livro *A Gaia Ciência*, Nietzsche declarou categoricamente: "Deus está morto"; essa era a sua maneira de afirmar que crer no Deus cristão era inacreditável.[2] Em sua obra *O Anticristo*, Nietzsche continuou a dizer que o cristianismo é o pior inimigo da iluminação e do progresso do homem. Ele se referiu ao cristianismo e aos cristãos, em particular, como "o animal doméstico, o animal de rebanho e o animal enfermo — o cristão".[3] Ele disse:

> O cristianismo tomou o lado de tudo que é fraco, insignificante e fracassado. Criou um ideal de tudo que *contradiz* os

---

1 DARWIN, Charles. *The descent of man:* selection in relation to sex. London: Penguin, 2004.
2 NIETZSCHE, Friedrich W. *The gay science:* with a prelude in german rhymes and an appendix of songs. Cambridge: Cambridge University Press, 2001.
3 NIETZSCHE, Friedrich W. *The anti-christ, ecce homo, twilight of the idols and other writings.* Cambridge: Cambridge University Press, 2005. p. 4-5. Editado por Aaron Ridley e Judith Norman.

instintos de preservação de uma vida forte; corrompeu a razão até dos indivíduos mais fortes, por ensinar as pessoas a verem os valores espirituais mais elevados como pecaminosos, ilusórios e *tentações*. O exemplo mais digno de compaixão — a perversão de Pascal, o qual cria que a razão era corrompida pelo pecado original, quando a única coisa que a corrompia era o próprio cristianismo![4]

Por isso, Nietzsche declarou guerra à teologia:

> Faço guerra a esse instinto teológico; achei traços deles em todos os lugares. Qualquer pessoa que tenha sangue teológico em suas veias abordará as coisas com uma atitude distorcida e enganosa. Isso faz surgir um sentimento de compaixão que se chama *fé*: volver um olho cego para você mesmo, de uma vez por todas, para que não tenha de suportar a visão de falsidade incurável.[5]

E:

> A idéia cristã de Deus — Deus como um deus do enfermo, Deus como um apoio e Deus como espírito — é um dos conceitos mais pervertidos a respeito de Deus que o mundo já viu. Isso pode até representar uma nova descida no declinante desenvolvimento dos tipos de divindade: Deus degenerado em uma contradição de vida, em vez de sua transfiguração e seu eterno *sim*; Deus como alguém que declarou aversão à vida, à natureza, à vontade de viver; Deus como a fórmula para toda zombaria contra "o aqui e

---
4 Ibid. p. 5.
5 Ibid. p. 8.

o agora", para toda mentira a respeito do "além". Deus como a deificação do nada, a canonização da vontade em nada![6]

Nietzsche termina um famoso ensaio com estas palavras: "Em todo esse tempo, esse Deus patético do monoteísmo cristão, como se tivesse o direito de existir, age como um *ultimato* e uma *máxima* do criador da energia e do espírito humano! Essa criatura híbrida de ruína, feita de nulidade, conceito e contradição, que sanciona todos os instintos de decadência, todas as covardias e exaustões da alma!"[7] Nietzsche declara a necessidade da morte de Deus, para que os homens achem liberdade nesta nova era intelectual. Também sugeriu que o cristianismo era uma fé vil e patética que produziu criaturas vis e dignas de compaixão. Qualquer criatura, disse Nietzsche, que precise de uma crença em Deus — qualquer criatura que precise de oração, qualquer criatura que exerça fé — é uma criatura cuja vontade é tão corrompida pelo vírus do cristianismo, que não pode contribuir à sociedade e à edificação de um povo forte.[8]

Em retrospectiva, é bastante claro aonde a filosofia de Nietzsche levou as pessoas. Levou ao niilismo e, no devido tempo, ao Terceiro Reich. Apesar disso, Nietzsche é uma das figuras mais celebradas no mundo intelectual de nossos dias. Esse fato é comprovado pelas inúmeras dissertações escritas sobre ele e seus herdeiros, como Michael Focault. O radicalismo de Nietzsche o tornou uma das figuras mais fascinantes no pensamento moderno. Ele cria que afirmava aquilo que devia ser óbvio a todos,

---

6 Ibid. p. 15-16.
7 Ibid. p. 16.
8 Ibid

confiando que os outros viam o que ele via, mas eram muito tímidos ou intelectualmente temerosos de se expressarem.

O ateísmo de Nietzsche serve para nos lembrar que o ateísmo tem conseqüências. Como veremos, uma das características que parece nos deixar mais perplexos no *Neo*-ateísmo é a sua agradabilidade cultural. O *Neo*-ateísmo parece crer verdadeiramente que Deus está morto e que a humanidade pode agora mover-se alegremente a um futuro secular promissor. Nietzsche sabia que o ateísmo teria um custo e seria bastante perigoso.

* * *

Um dos temas fascinantes que devemos observar em tudo isso é aquilo que os historiadores chamam de "perda vitoriana da fé". Esse é o contexto em que a palavra *ateísmo* se torna mais disseminada, indicando uma mudança na mentalidade de todo homem que viveu na Inglaterra vitoriana. Tendemos a olhar à Inglaterra vitoriana e a observar a religiosidade notória da época — as grandes igrejas, os grandes pregadores, como Charles Spurgeon, e a publicidade dada a anglicanos célebres. Contudo, se você não for criterioso, talvez não perceberá o fato de que a era vitoriana também viu um afastamento significativo da fé cristã, encapsulada no famoso slogan britânico "minha mente não é mais cristã, embora meu corpo o seja".

Em outras palavras, uma pessoa pode ser um cristão e continuar a *viver* sem crer nos dogmas essenciais da fé, até mesmo na existência de Deus. Uma figura simbólica dessa época foi o Reverendo Leslie Stephen, pai da escritora Virginia Woolf. Stephen era um pastor anglicano ortodoxo, mas perdeu a fé, demitiu-se de sua ordem, deixou a igreja e, deste modo, se tornou símbolo da perda de fé vitoriana em meio à intelectualidade bri-

O Neo-ateísmo e o estágio final do secularismo

tânica.⁹ Essa perda de fé talvez foi mais bem expressa na poesia. Considere, por exemplo, o poema "Funeral de Deus", composto por Thomas Hardy. Ele escreveu:

*Enganados por nosso sonho primitivo
e carência de consolo, nos auto-iludimos.
Por imaginação, fizemos nosso próprio criador
E cremos naquilo que havíamos imaginado.*

*Até que, no passar contínuo e furtivo do Tempo,
A realidade cruel e inflexível
Atingiu o Monarca de nossa formulação,
Que, trêmulo, afundou; e agora cessou de ser.*

*Assim, em direção ao esquecimento de nosso mito,
Em trevas, abatidos, rastejávamos e tateávamos
Mais tristes do que os que choravam na Babilônia,
Cuja Sião ainda era uma esperança permanente.*

*Quão bom era nos anos já passados
Começar o dia com oração confiante,
Deitar-se com lealdade ao anoitecer,
Sentir a segurança de que Ele estava ali!*

*Quem ou o que ocupará o seu lugar?
Aonde os viajantes volverão os olhos distraídos?
Para uma estrela fixa que estimulará o passo deles
Em direção ao objetivo de seu empreendimento?*

---

9 WILSON, A. N. *God's funeral*. New York: Norton, 1999. p. 8-11.

E, em seguida:

Eu não podia apoiar a fé deles; apesar disso,
Muitos dos que conheci, com todos simpatizei.
Embora tenha ficado em silêncio, não esqueci:
Aquilo que lamentavam também outrora valorizei.

Uma das características mais notáveis dessa perda de fé vitoriana é um senso de lamentação. Isso é sobremodo importante, porque é algo notavelmente ausente no *Neo*-ateísmo. Entre os novos ateístas, não há um senso de lamentação por alguma coisa perdida, nenhum senso de algo precioso que se foi. Em vez disso, há realmente um senso de celebração pelo fato de que o teísmo foi deixado para trás.

O senso de lamentação é algo que podemos captar em outro poema, igualmente famoso, *Dover Beach* [Praia de Dover] — composto por Matthew Arnold. Ele escreveu:

O mar da fé,
Outrora no auge e ao redor da praia da terra,
Era como as dobras de cinto brilhante e firme.
Mas agora ouço apenas
Seu rugir melancólico, extenso, retraído,
Recuando, ao sopro do vento noturno,
Até às vastas margens tristonhas
E aos cascalhos desnudos do mundo.
Ó amor, sejamos verdadeiros
Um ao outro! Pois o mundo, que parece
Estar diante de nós como uma terra de sonhos,
Tão distintos, tão belos, tão novos,
Não tem alegria, nem amor, nem luz,

O Neo-ateísmo e o estágio final do secularismo

Nem certeza, nem paz, nem alívio ao sofrimento;
E estamos aqui como em uma planície tenebrosa,
Assolados com alarmes confusos de guerras e lutas,
Onde exércitos ignorantes combatem à noite.

O senso de ausência é palpável. Aquele que estivera lá, que definia toda a realidade, agora não estava mais ali, não era mais acessível e não mais existia. Essa ausência de Deus começou a definir tudo que o intelectual vitoriano conhecia.

No século XX, a perda vitoriana da fé foi codificada intelectualmente — primeiro, na filosofia do positivismo lógico e, em segundo, no ateísmo de protesto. É interessante observar que o Holocausto se tornou — entre outras tragédias do século XX — a grande causa de muito do ateísmo de protesto. O mal se tornou um catalisador para uma forma de ateísmo que argumenta que, se há Deus, Ele não pode ser assim. Se Deus é assim, não há Deus. Em sua peça de teatro *J. B.*, Archibald MacLeish tem um personagem que fala ao estilo de Jó: "Se Deus é Deus, ele não é bom. Se Deus é bom, ele não é Deus".[10] Para muitos, os acontecimentos do século XX — em especial, o Holocausto e as duas guerras mundiais — pareceram provar isso de modo inquestionável.

* * *

Houve, também, no início do século XX, o surgimento do estado ateísta explícito. A Revolução Russa em 1917 e as sucessivas revoluções que a seguiram produziram os primei-

---

10 MacLeish, Archibald. *J. B.*: a play in verse. Boston: Houghton Mifflin, 1958. p. 11.

ros estados ateístas. O czar Nicolau II não foi somente o czar de todos os russos, mas também o cabeça da Igreja Ortodoxa Russa. Na revolução, o estado se tornou explicitamente ateísta e dedicado à suposição de Marx, de que a religião "é o ópio do povo".[11] E, como o viam as elites culturais, esse ópio tinha de ser removido do povo e substituído pela visão do Novo Homem comunista.

Depois da Segunda Guerra Mundial, o Ocidente acelerou em direção à modernidade, particularmente em termos de tecnologia e ciência. Grandes mudanças sociais afetaram a maneira como as pessoas viviam. Elas se tornaram mais volúveis do que antes; e isso as conduziu a níveis de deslocamento social sem precedentes e, por sua vez, ao fim das famílias cujos filhos, netos e parentes mais próximos viviam juntos. Deixou de ser natural às gerações sucessivas de uma mesma família viverem juntas sob o mesmo teto. A autonomia começou a ser valorizada, a cultura terapêutica começou a assumir o controle, e as elites culturais se tornaram crescentemente secularizadas. Por volta desse tempo, chegamos ao que se chama de hiper-modernidade. Depois que o átomo foi dividido, e o Sputinik, lançado ao espaço; depois que vacinas começaram a ser inventadas, e o homem pisou na Lua, houve um senso de que os seres humanos, bem à semelhança do homem protótipo de Nietzsche, tinham finalmente chegado à maturidade. As pessoas começaram a acreditar que Deus não era mais necessário.

Então, surgiu a era pós-moderna, em que os próprios alicerces do ateísmo foram negados, bem como todas as outras maneiras fundamentais de pensar. Deus é considerado um simples

---

[11] MARX, Karl. *Critique of Hegel's philosophy of right*. Tradução ao inglês: Annette Jolin, Joseph O'Malley. Cambridge: Cambridge University Press, 1970.

pensamento entre muitos outros, um princípio entre muitos, uma realidade construída pela sociedade. E, no meio disso, surge o *Neo*-ateísmo.

* * *

Creio que, no surgimento do *Neo*-ateísmo, estamos vendo o último estágio do secularismo. A fim de entender isso, temos de considerar as origens do que é conhecido como teoria da secularização.

O conceito de secularização emergiu das primeiras análises sociais. Imaginou-se que, à medida que a modernidade se tornava parte da civilização, e os seres humanos aprendiam a controlar as energias da natureza e, eventualmente, a dividir o átomo, haveria cada vez menos necessidade de Deus como a causa e a explicação da estrutura intelectual da civilização. Cada vez mais, a vida seria experimentada em um ambiente secular, e a crença em Deus, bem como a participação na religião organizada, se dissiparia. Inevitavelmente, Deus sairia da conscientização humana.

Max Weber se referiu a esse processo chamando-o de "desencantamento".[12] No devido tempo, a modernidade conduziria ao desencantamento da sociedade em relação ao mundo encantado, querendo dizer com isso um mundo em que Deus é necessário e significativo, e a introdução da sociedade em um mundo desencantado (ou secular). Emile Durkheim predisse a mesma coisa, assim como o fez Auguste Comte. A modernidade foi entendida como a humanidade chegando à

---

12 WEBER, Max. *The protestant ethic and spirit of capitalism*. Editado por Stephen Kalberg. New York: Oxford University Press, 2001.

maturidade, e a fé religiosa e a crença em Deus foram vistas como transgressivas, retrógradas e crenças limitadas que desapareceriam inevitavelmente.

Por trás da teoria da secularização há duas grandes pressuposições: primeira, a teoria presume que o teísmo é basicamente uma crença herdada que é necessária para dar significado, coerência e consolo. Em outras palavras, a teoria da secularização possui um entendimento essencialmente funcional da religião. Portanto, visto que a função da religião não é mais necessária, e as pessoas descobriram outras fontes de consolo e significado na vida, a crença em Deus desaparecerá.

Segunda, a teoria da secularização presume que as formas de crença religiosa eram apoiadas pelo reconhecimento de suas funções sociais. Em outras palavras, os adeptos da teoria de secularização acreditavam que formas religiosas permaneceriam por algum tempo, mesmo depois de haver desaparecido a verdadeira fé — pelo menos, durante todo o tempo em que as pessoas considerassem essas formas agradavelmente atraentes, mas no devido tempo elas também desapareceriam. Eles acreditavam que a História se movia em direção à completa remoção da crença em Deus e que a educação, a tecnologia, a prosperidade e os rompimentos inevitáveis com a tradição trazidos pela modernidade levariam a uma perda generalizada e universal da crença.

Aconteceria desta maneira: primeiramente, não crer em Deus se tornaria *plausível* ou sensato; depois, no devido tempo, se tornaria *inevitável* uma pessoa não crer de modo algum em Deus. Os teóricos da secularização acreditavam que a educação cumpriria um papel importante neste processo, levando a efeito na sociedade uma chegada à maturidade intelectual. Em resumo, a crença em Deus fazia parte da pré-história, parte do que

O Neo-ateísmo e o estágio final do secularismo

Nietzsche chamaria de "infância intelectual da humanidade". Todavia, como a humanidade já chegou à maturidade, Deus não é mais necessário. Freud o disse nestas palavras: "Quanto mais o fruto do conhecimento se torna acessível ao homem, tanto mais amplo será o declínio da crença religiosa".[13] Por fim, a modernidade produziria um mundo totalmente secularizado. Em um escala global, isso começaria no Ocidente, onde a tecnologia, o avanço científico e a teoria democrática tomaram forma mais rapidamente. Essas idéias se espalhariam pelo mundo, e a secularização seria um fenômeno global. A teoria parecia ser digna de crédito e logo se tornou a sabedoria aceita. De fato, isto foi considerado inexorável: haveria uma cultura secular global, guiada por instituições como as Nações Unidas e caracterizada tanto pela rejeição das funções sociais como pela natureza simbólica da crença em Deus.

* * *

John Sommerville, outra importante figura britânica na teoria da secularização, sugeriu que a secularização seguiria este padrão: primeiramente, viria a secularização do espaço. Em 1500, na Grã-Bretanha, metade de todas as terras do reino pertencia à igreja, e uma boa porção do resto era possuída pelo rei. Isso começou a mudar com Henrique VIII, que confiscou os monastérios e começou o processo de secularização das propriedades. A idéia de que a terra não pertenceria à igreja ou ao rei foi uma mudança importante na sociedade britânica. Em segundo, Sommerville predisse a secularização do tempo e do lazer; e, em terceiro, a secularização da linguagem. Em quarto,

---

13 FREUD, Sigmund. *Future of an illusion*. New York: Norton, 1989.

haveria a secularização da tecnologia e do trabalho. As pessoas não mais considerariam sua carreira profissional como algo feito para a glória de Deus. Pelo contrário, o paradigma predominante seria o de estar fazendo uma contribuição à sociedade e, em última instância, um ganho. Em seguida, haveria a secularização da arte, a secularização do poder, a secularização da própria pessoa e, finalmente, a secularização da erudição e da ciência, até que a humanidade deixasse a infância e a adolescência e passasse, completamente, à maturidade.

Prosseguindo, Sommerville falou sobre os seis aspectos da secularização. Primeiro, a secularização aconteceria no nível macrossocial-institucional. Isso é conhecido como *diferenciação*. Esse processo se tornou uma realidade. De fato, a fragmentação do conhecimento e a especialização da habilidade são agora aceitas como incontestáveis. Enquanto, no passado, a igreja definia a realidade servindo-se de toda uma gama de campos intelectuais, agora ela parou de fazer isso — no caso da maioria dos cristãos. Vivemos em uma época em que, para nós, é plausível que as pessoas não perguntem aos pastores a respeito de questões vocacionais, intelectuais, jurídicas e todas as demais. A igreja costumava estar no centro de todas as questões, mas a diferenciação significa que agora você procura um advogado para obter orientações jurídicas e um psicoterapeuta para receber conselhos. Agora, as pessoas recorrem a inúmeros profissionais especializados que são completamente livres da igreja e da crença teísta. Essa é uma mudança tremenda realizada pela secularização.

Segundo, a secularização afeta as instituições individuais. Pense em todas as universidades e hospitais estabelecidos como organizações cristãs e que agora estão secularizadas. A dimensão mais significativa desta secularização institucional está relacionada à secularização do ensino acadêmico. A secularização de faculdades e universidades tem moldado a mente e a cosmovisão de inúmeras pessoas.[14] Terceiro, atividades como educação e bem-estar, que costumavam ser ministradas pela igreja e em seu nome, têm sido agora assumidas pelo estado burocrático. Quarto, Sommerville argumentou que mentalidades e cosmovisões seriam secularizadas. No âmbito das cosmovisões, as idéias e pressuposições fundamentais seriam secularizadas, e isso também aconteceria à mente, de modo quase imperceptível. Quinto, pessoas seriam integralmente secularizadas em termos de crença e identidade. À semelhança da Europa de nossos dias, elas se esforçariam desesperadamente para se separarem de sua herança cristã. Em sexto, Sommerville fala a respeito da secularização da religião, a tentativa de acomodar a teologia a um mundo secularizado.[15]

Evidentemente, houve eruditos que não concordaram com isso. Em 1986, Jeffrey Haden disse que a secularização era mais uma doutrina do que uma teoria — deveria também ser aceita pela fé.[16] No entanto, ainda mais problemático para a teoria é o fato de que ela não está se tornando realidade — pelo menos, não como os teóricos da secularização disseram que aconteceria. Considere, por exemplo, os Estados Unidos, o estado mais hipermoderno do mundo, conforme a estimativa da análise so-

---

14 Ver: MARSDEN, George M. *The soul of America University*: from protestant establishment to established non-belief. New York: Oxford University Press, 1994 e BURTCHAELL, James T. *The dying light*: the disengagement of colleges and universities from their Christian churches. Grand Rapids, MI: Eerdmans, 1998.
15 SOMMERVILLE, C. John. *The secularization of early modern England*: from religious culture to religious faith. New York: Oxford University Press, 1992.
16 HADDEN, Jeffrey. Southern Sociological Society. Discurso presidencial de 1986.

ciológica. 95% dos americanos afirmam crer em Deus. Ora, é óbvio que a divindade na qual essas pessoas afirmam crer não é necessariamente o Deus do teísmo bíblico. Apesar disso, os americanos, em sua maioria, *não* são secularistas. Também, em vez de presenciarmos uma disseminação mundial do secularismo, parece estar ocorrendo uma reafirmação das crenças religiosas ao redor do mundo. Então, o que aconteceu?

O que aconteceu foi que a teoria da secularização logo se tornou conhecida como o "mito" da secularização. Peter Berger, que foi um dos primeiros estruturadores de toda a idéia da secularização, se mostrou bem conveniente ao voltar atrás e reconhecer que a teoria precisa receber nova calibragem.[17] Ao mesmo tempo, temos de reconhecer que ainda há algo verdadeiro na teoria — em sua forma clássica. A teoria da secularização pode ter se tornado falsa em seus principais termos, mas ainda há dois sentidos em que estava *exatamente* correta.

O primeiro sentido em que a teoria da secularização estava *exatamente* correta é geográfico. A Europa Ocidental seguiu a teoria com exatidão. As taxas de pessoas que vão a igrejas na Alemanha, Suécia, Holanda, Espanha e França estão ao redor de 1% a 5% da população. Em muitas pesquisas, menos do que 10% dessas populações afirmam crer em Deus. A segunda exceção ao fracasso da teoria da secularização está entre as elites culturais e intelectuais do mundo. Peter Berger expressou isso de modo admirável. Nos estudos a respeito dos níveis relativos de crença nos países do mundo, os sociólogos determinaram que a nação menos religiosa do mundo era a Suécia, enquanto a mais religiosa era a Índia. Berger, falando sobre os Estados Unidos, disse

---

17 BERGER, Peter C. "Secularization falsified". *First Things*, New York, p. 23-24, Feb. 2008.

O Neo-ateísmo e o estágio final do secularismo

que temos na América uma nação de indianos governados por uma elite de suecos. Conforme ele explicou, a inteligência global secularizada é, em todas as nações, uma minoria da população, "mas, uma minoria bastante influente".[18]

A importância dessas duas exceções é que a Europa Ocidental e as elites culturais do mundo cumprem um papel superabundante em influenciar a cultura mais ampla. Assim, a secularização da Europa e das elites dos Estados Unidos tem criado uma abertura cultural para o surgimento do que chamamos de *Neo*-ateísmo. Como aconteceu essa abertura?

* * *

Charles Taylor talvez seja o filósofo mais perspicaz em considerar isso. Sua grandiosa obra, *A Secular Age*, é ousada, mas também humilde e sincera. Taylor dá atenção a décadas de secularização da sociedade e ao que significa viver em uma era secular e elabora argumentos difíceis de serem refutados. O argumento de Taylor é que a história do Ocidente tem experimentado três diferentes estágios intelectuais, três diferentes conjuntos de situações de crença.

Primeiro, houve uma época em que era impossível *não* crer. Se você retroceder até antes do Iluminismo, à época da Idade Média ou antes, era quase impossível achar pessoas que não criam em Deus ou que, pelo menos, não admitiam que a crença em Deus era absolutamente necessária para dar sentido ao mundo. Crer em Deus era crucial para que alguém entendesse por que o Sol estava no céu durante o dia e a Lua e as estrelas à noite. Deus era uma parte integral e inseparável da *Weltans-*

---

18 Ibid.

chauung da sociedade, de sua cosmovisão. Era impossível não crer, porque não havia outra explicação. Não havia outra teoria, nenhuma cosmovisão rival que pudesse explicar tudo que os seres humanos experimentavam.

Taylor descreve a segunda fase como a época em que se torna *possível* não crer. O Iluminismo foi a grande abertura para essa situação, pois, embora para a maioria das pessoas ainda fosse impossível não crer, a grande virada epistemológica quanto ao sujeito significou o surgimento da possibilidade de não crer. O indivíduo se tornou o centro do significado, e Deus não era mais entendido como o sujeito soberano, e sim como objeto de estudo. E, tal como outras teorias, alguém poderia aceitá-Lo ou rejeitá-Lo.

Taylor sugere que entramos agora no terceiro estágio do desenvolvimento intelectual. Saímos de um tempo em que era impossível não crer em Deus, passamos por um tempo em que se tornou possível não crer e chegamos, agora, à situação em que, em especial para as elites, se tornou impossível *crer*. Se você compara o primeiro estágio com o terceiro, perceberá que uma inversão completa aconteceu. No primeiro estágio, não havia qualquer explicação rival para qualquer realidade — para a vida, o passado, o presente ou o futuro —, exceto o cristianismo. No entanto, hoje ocorre o oposto. Ora, não somente há alternativas para a cosmovisão bíblica, mas também essas alternativas são apresentadas como superiores. De fato, se não crer era uma raridade no primeiro estágio — visto que era considerado excêntrico e perigoso —, neste terceiro estágio é o teísmo que é considerado excêntrico e perigoso. O teísmo não é apenas algo do que temos nos afastado bastante, não apenas algo que devemos lançar para trás como pertencente a um período de infância e adolescência do desenvolvimento da humanidade. É algo

O Neo-ateísmo e o estágio final do secularismo

realmente perigoso, porque as pessoas que crêem em Deus são pessoas perigosas, que fazem coisas arriscadas. São um tóxico letal em meio à nossa cultura.

Essas são as condições de crença sob as quais vivemos agora. Esta é a situação: um mundo em que as elites declaram que é impossível e perigoso crer em Deus. Esse novo evento proporcionou a abertura para o *Neo*-ateísmo. E que abertura!

CAPÍTULO 2

O Neo-ateísmo e o ataque ao teísmo

Aproveitando-se de uma abertura cultural, o *Neo-ateísmo* surge agora como um desafio poderoso ao cristianismo. Há quatro homens que têm dado expressão ao movimento do *Neo-ateísmo*. De fato, poderiam ser chamados de "Os Quatro Cavaleiros do Apocalipse do *Neo-ateísmo*" — Richard Dawkins, Daniel Dennett, Sam Harris e Christopher Hitchens. A fim de respondermos de modo eficiente a este novo desafio, é crucial que, como cristãos, pelo menos saibamos quem eles são e o que fazem.

Richard Dawkins é titular da cadeira Charles Simonyi para o Entendimento Público da Ciência, na Universidade de Oxford, uma cadeira que foi estabelecida com muitos recursos financeiros, a fim de seduzi-lo a retornar da Universidade da Califórnia, em Berkeley, onde ele ensinava, depois de haver recebido seu doutorado em filosofia na Universidade de Oxford. Nascido no Quênia, em 1941, em uma família inglesa rica, ele retornou à Grã-Bretanha quando tinha cerca de oito anos de idade. Estudou na Grã-Bretanha e ingressou na Faculdade Balliol, em Oxford, na qual recebeu sua graduação no curso de zoologia. Em 1966, recebeu seu doutorado em Oxford e seguiu quase imediatamente para a Universidade da Califórnia, em Berkeley, para começar a ensinar. Eventualmente, Oxford se empenhou por seduzi-lo a retornar; agora, ele é titular de uma das cadeiras mais famosas (e mais bem provida de fundos) de toda a universidade. Ele se tornou um dos cientistas mais conhecidos no mundo. Em 1976, Dawkins escreveu um livro que estabeleceu sua reputação. Intitulado *O Gene Egoísta*, o livro explicava um aspecto específico da teoria da evolução pelo qual Dawkins é famoso agora.[1] O argumento de Dawkins é que a unidade básica da seleção natural é o gene. Em palavras simples, a teoria de Dawkins é que os genes são egoístas, existindo somente para replicarem-se a si mesmos; e, como replicadores, eles fomentam todo o processo de seleção natural. Essa idéia trouxe a Dawkins fama científica imediata. De fato, entre os eruditos seguidores da teoria darwinista, há essencialmente dois entendimentos rivais no que diz respeito ao processo de seleção natural; e o entendimento de Dawkins quanto ao "gene egoísta" rapidamente está se tornando o predominante.

Dawkins não escreveu *O Gene Egoísta* para a comunidade científica. Ele já havia publicado seus artigos em periódicos de avaliação científica, e sua pesquisa era bem conhecida naquela comunidade. Ele escreveu este livro para leitores comuns, porque, sendo titular de uma cadeira para o entendimento público da ciência, ele se vê como um advogado, um tipo de evangelista da teoria evolucionista. Crê que um entendimento da evolução humana é essencial para compreendermos em que ponto estamos na história da humanidade e como devemos assumir o controle da evolução à medida que contemplamos o futuro. Dawkins também entende que a evolução produz uma cosmovisão e que a concepção de mundo produzida pelo darwinismo

---

1 DAWKINS, Richard. *The selfish gene*. Oxford: Oxford University Press, 1976.

O Neo-ateísmo e o ataque ao teísmo

é a única cosmovisão lógica de que dispomos. Ora, é claro que essa maneira de entender o mundo suscita perguntas a respeito da existência de Deus, perguntas que, segundo Dawkins afirma, lhe ocorreram quando tinha nove anos de idade e estava sendo catequizado. Ao recitar as perguntas e respostas de seu catecismo, ele percebeu que não acreditava naquelas coisas e começou a nutrir dúvidas a seu respeito.

Em 1856, Charles Darwin escreveu uma carta ao seu amigo Joseph Hooker, na qual afirmava: "Um livro e tanto escreveria um capelão do Diabo sobre os trabalhos desastrados, esbanjadores, ineficientes e terrivelmente cruéis da natureza!"[2] Servindo-se dessa afirmação daquela carta, Dawkins declarou que ele mesmo é o "capelão do Diabo". Em 2003, ele escreveu um livro com esse título e o dedicou à sua filha Juliet, que tinha dez anos de idade. Nesse livro, Dawkins argumenta que a evolução, em termos de seu entendimento completo e suas implicações quanto à existência ou não de Deus, deveria ser discutida de modo público. Em um ensaio, incluído no livro, escrito originalmente em 1993 e intitulado "Vírus da Mente", ele falou, em primeiro lugar, sobre o "vírus da fé".[3]

No final de *O Capelão do Diabo*, Dawkins incluiu uma carta dirigida à sua filha de dez anos. Intitulada "boas e más razões para acreditar", a carta é uma peça interessante de aconselhamento paternal. Dawkins sugere à sua filha três razões por que alguém crê em qualquer proposição ou reivindicação da verdade. A primeira dessas razões é a tradição.[4] Isso é importante, ele disse, porque as crianças são "receptores naturais da tradição";

---

2 In: DAWKINS, Richard. *A devil's chaplain*: reflections on hope, lies, science, and love. New York: Houghton-Mifflin, 2003. p. 8.
3 Ibid. p. 141
4 Ibid. p. 243

por isso, a tradição é especialmente sedutora para elas. Acham a sua identidade à medida que os pais lhes contam histórias e se vêem situadas no meio da tradição. De fato, Dawkins ressalta à sua filha que a persistência da crença religiosa se deve ao fato de que as crianças "têm de ser sugadores da informação na forma de tradição, pois, do contrário, não sobreviveriam".[5]

Outro dos fatores do pensamento de Dawkins é uma palavra que ele mesmo cunhou: "meme". Essa palavra se refere a uma unidade intelectual semelhante a um gene que ajuda a explicar a replicação do pensamento.[6] Os memes são conjuntos de idéias replicadas na sociedade. Assim, Dawkins sugere que os pais transmitem "memes" aos filhos, assim como transmitem os genes. Ele acha isso bastante perigoso e sedutor.

Em segundo, e, igualmente pernicioso, ele sugere que a autoridade[7] é outra razão por que alguém crê. Em outras palavras, tão somente porque alguém diz que algo é verdade, isso não é razão para que alguém creia que tal coisa seja, de fato, verdade.

A terceira razão por que alguém crê, Dawkins sugere, é a revelação, a qual ele acredita ser categoricamente impossível.[8] Portanto, qualquer reivindicação de verdade que se fundamenta na revelação, ele sugere, deve ser lançada fora. Considerando a carta de Dawkins endereçada à sua filha, é fácil entendermos como o ateísmo inevitavelmente surgiria.

Em 2006, Dawkins escreveu *Deus, um Delírio* — o livro que se tornou o seu principal best-seller, permanecendo du-

---

5 Ibid. p. 247
6 DAWKINS, Richard. *The selfish gene*. Oxford: Oxford University Press, 1976, p. 192.
7 DAWKINS, Richard. *A devil's chaplain:* reflections on hope, lies, science, and love. New York: Houghton-Mifflin, 2003. p. 244.
8 Ibid. p. 245

rante vários meses na lista do *New York Times*.⁹ Entre os novos ateístas, Dawkins é o mais persistente e, talvez, o mais famoso e o mais lido.

* * *

Daniel Dennett o segundo dos novos ateístas, nascido em 1942, em Boston. Um filósofo da mente e da ciência, Dennett tem ensinado durante quase toda a sua carreira na Universidade Tufts, onde dirige o Centro de Estudos Cognitivos e exerce o cargo de Professor de Filosofia Austin B. Fletcher. Ele recebeu seu bacharelado em artes em Harvard e seu doutorado em filosofia em Oxford, um ano antes de Richard Dawkins receber essa graduação na mesma universidade. O grande projeto de vida de Dannett é provar que a evolução sozinha explica a consciência humana. Tem de haver um entendimento totalmente empírico da consciência humana, ele disse, e ganhou fama considerável na comunidade científica por causa de suas idéias. Em 1992, enquanto Dawkins tentava popularizar suas idéias com *O Gene Egoísta*, Dennett tentava popularizar seu entendimento empírico da consciência humana em um livro intitulado *Consciousness Explained*.¹⁰ O livro se tornou um dos raros livros científicos que realmente vendia, obtendo grande atenção para o argumento de que a consciência humana tem de ser reduzida a um entendimento mecanicista e naturalista.

Assim como Dawkins, Dennet está absolutamente comprometido com a cosmovisão de que a evolução explica tudo. Em 1996, ele publicou o livro *A Perigosa Idéia de Darwin*, que pode

---

9 DAWKINS, Richard. *The God delusion*. New York: Houghton-Mifflin, 2006.
10 DENNETT, Daniel. *Consciousness explained*. New York: Penguin, 1993.

ser resumido assim: Dennett recorda sua experiência como um adolescente interessado em ciência, quando ele e um amigo inventaram a idéia de um "ácido universal".[11] O que aconteceria, se houvesse um ácido tão poderoso que dissolveria tudo, e, por essa razão, não se poderia achar um recipiente que o guardasse em segurança? O que aconteceria? É claro que, eventualmente, esse ácido destruiria tudo. Nada restaria — uma idéia provocante para qualquer rapaz estudioso, uma idéia que se tornou combustível para o desenvolvimento intelectual de Dennett. Quando ele descobriu o darwinismo, acreditou que tinha achado, finalmente, o ácido universal. Seu raciocínio é este: como ferramenta intelectual, o darwinismo é tão corrosivo e poderoso quanto o seu ácido universal hipotético. Queima tudo. Em palavras simples, quando o darwinismo for plenamente entendido, toda outra verdade perderá seu poder e deixará de ter credibilidade. O darwinismo será tudo que restará.

Ele disse: "Quase ninguém é indiferente ao darwinismo, e não deveria ser. A teoria darwiniana é uma teoria científica, uma grande teoria, mas isso não é tudo o que ela é. Os criacionistas que se opõem a ela tão amargamente estão corretos em uma coisa: a idéia perigosa de Darwin penetra mais profundamente a estrutura de nossas crenças fundamentais do que muitos dos seus apologistas sofisticados admitiam, até para si mesmos".[12]

Ele está certo. Se o darwinismo está certo, não há desígnio no universo e, por conseguinte, nenhum significado também. Há somente o darwinismo.

---

11 DENNETT, Daniel. *Darwin's dangerous idea*. New York: Simon and Schuster, 1996.
12 Ibid. p. 18

O Neo-ateísmo e o ataque ao teísmo

Em 2006, Dennett escreveu um livro que o estabelece como um dos quatro cavaleiros do *Neo-ateísmo, Quebrando o Encanto: a Religião como Fenômeno Natural*.[13] A importância deste livro está no fato de que ele apresenta a religião em termos puramente naturalistas. Até os evolucionistas precisam de um argumento que explique a persistência da religião. O problema básico é este: como você explica a religião? Uma coisa é você explicar um apêndice ou um órgão em uma criatura, outra coisa é tentar explicar uma idéia persistente como o crer em Deus. Então, como ela surgiu? Se a mente não passa de uma máquina química, uma máquina neurológica desenvolvida pelo processo de evolução, de onde surgiu esta (falsa) crença em uma deidade sobrenatural? A seleção natural explica que as características que nos conferem vantagem de sobrevivência são transmitidas, enquanto as outras características desaparecem. Assim, aquelas criaturas que têm cérebro maior foram bem-sucedidas onde criaturas de cérebros menores não o foram. As criaturas que têm a habilidade de andar sobreviveram onde não sobreviveram aquelas que não possuem essa habilidade.

Então, por que aqueles que criam em Deus sobreviveram, enquanto não sobreviveram os que não criam nEle? Se você advoga um entendimento puramente natural da religião, como o fazem Dennett e Dawkins, há apenas uma resposta. Você tem de afirmar que em algum ponto houve alguma vantagem evolucionária para se crer em Deus. De algum modo, a crença religiosa — em particular, a crença na vida após a morte, a crença em Deus, a crença numa autoridade suprema, a crença numa moralidade revelada, a crença em um Juiz Divino — tudo isso

---

[13] DENNETT, Daniel. *Breaking the Spell: religion as natural phenomenon.* New York: Penguin, 2007.

tem de produzir replicadores que se multiplicam com melhor sucesso. A solução de Dennett para esse problema é afirmar que, embora a crença em Deus deva ter outorgado alguma vantagem evolucionária em um ponto do passado, ela não o faz no presente. Assim, ele sugere que nossa grande tarefa nesta geração é livrar-nos daquilo que antes era uma vantagem evolucionária, mas agora é uma desvantagem evolucionária.

Outro pensamento interessante a observarmos em Dennet é a sua criação de uma nova categoria do que ele chama de "crença na crença". Ele sugere que a crença em Deus não é tudo aquilo que muitos julgam que ela seja, pois, se você analisar por trás da aparência, descobrirá que o número de pessoas que crêem em Deus é menor do que a princípio se evidencia. Em vez de crerem em Deus, Dennett afirma, as pessoas crêem na *crença*. Em outras palavras, elas têm um entendimento funcional da religião. Não estão dizendo que crêem cognitivamente em Deus, porque, como Dennett entende, se realmente cressem, viveriam de modo diferente do que vivem. Perguntaram certa vez a Golda Meir, que foi primeira-ministra de Israel, se ela cria em Deus. Sua resposta é um exemplo perfeito de crença na crença: "Os judeus crêem em Deus; eu creio nos judeus". Dennett espera que essa "crença na crença" seja um instrumento que, no devido tempo, levará o homem a livrar-se por completo da crença em Deus. Talvez estejamos nos movendo da crença em Deus para a crença na *crença* e, finalmente, nunca mais precisaremos *dessa* crença.

* * *

O Neo-ateísmo e o ataque ao teísmo

Sam Harris, nascido em 1967, de uma mãe judia e um pai quacre, é vinte anos mais novo do que Dennet e Dawkins.[14] Sua rebelião contra qualquer tipo de crença teísta começou bem cedo em sua adolescência, quando se recusou a passar pela cerimônia do *bar mitzvah*.[15] Ele estudou na Universidade Stanford, mas abandonou os estudos ali depois de um incidente não esclarecido com a droga *ecstasy*.[16] Nesse mesmo tempo, Harris teve algum tipo de profunda experiência religiosa. Depois, retornou à Universidade Stanford para obter seu doutorado em filosofia na área da neurociência. Harris afirma que está em constante ameaças de morte por parte de cristãos evangélicos; por isso, não pode dar nenhuma informação pessoal a respeito de si mesmo. Por essa razão, nem ele nem de seu editor, nem ninguém é bastante claro a respeito das particularidades de sua vida.

No entanto, os números de vendas de seus livros são bem claros. Em 2004, o seu livro *O Fim da Fé: Religião, Terrorismo e o Futuro da Razão* se tornou um dos best-sellers daquele ano e permanece entre os livros mais vendidos em sites como o Amazon.com.[17] O livro é um ataque vigoroso ao teísmo e contém sarcasmo inacreditável. Harris sugere que a crença em Deus é inerentemente má, começando em impulsos maléficos da mente e do espírito e levando, finalmente, a efeitos sociais perniciosos. Deus mesmo é um monstro, diz Harris — especialmente, o Deus da Bíblia, que não é um deus no qual pessoas sensatas e

---

14 SEGAL, David. "Atheist evangelist". *Washington Post*, Washington, D.C., Oct. 26, 2006. Caderno C, p. 1.
15 MILLER, Lisa. "Beliefwatch: the atheist". *Newsweek*, New York, Oct. 30, 2006.
16 SEGAL, David. "Atheist evangelist". *Washington Post*, Washington, D.C., Oct. 26, 2006. Caderno C.
17 Harris, Sam. The end of faith. New York: Norton, 2004

sensíveis creriam e a quem, muito menos, amariam. A crença em Deus, ele afirma, corrompe o homem.

Harris escreveu: "A fé religiosa representa um mau uso tão intransigente dos poderes de nossa mente, que constitui um tipo de singularidade perversa e cultural".[18] Em outras palavras, é "um ponto evanescente e distante que torna impossível o discurso racional. Quando incutido sorrateiramente a cada nova geração, a fé religiosa nos torna incapazes de compreender como a maior parte de nosso mundo tem se rendido desnecessariamente a um passado obscuro e bárbaro".[19] Como Harris entende, temos nos enganado pensando que a religião não é uma ameaça. Temos permitido que ela persista como "um assunto pessoal", quando deveríamos tê-la reconhecido como um perigo público.

Uma das principais razões por que Harris vê a fé como algo tão perigoso é o fato de que ela torna as pessoas centralizadas em si mesmas. Crer que Deus cuida de você como indivíduo, disse Harris, torna-o narcisista. Crer que Deus tem um relacionamento pessoal com você é egocêntrico ao extremo, levando inevitavelmente a um grande egoísmo, porque você encontra imenso deleite nesse relacionamento que imagina ter com Deus. E não somente isso, você talvez desenvolva um senso de superioridade em relação àqueles que não compartilham desse relacionamento e conhecimento pessoal. O fato de você crer que Deus cuida de *você*, Harris argumenta, diz tudo sobre você e nada a respeito de Deus.

Evidentemente, Harris não achou que seu primeiro livro foi suficiente. Havendo vendido centenas de milhares de cópias, ele

---

18 Ibid. p. 25
19 bid.

O Neo-ateísmo e o ataque ao teísmo

escreveu um segundo livro em 2006, intitulado *Carta a uma Nação Cristã*.[20] Esse livro breve é supostamente dirigido a cristãos conservadores. No entanto, se você ler essa obra achando que Harris está procurando falar a um cristão conservador, perderá o objetivo do livro. Assim como Dawkins e Dennett, Harris está realmente tentando alcançar uma elite cultural. Como ele mesmo disse, seu desejo é encorajar os secularistas a fazerem afirmações secularistas mais ousadamente no ambiente público. Embora tenha elaborado o livro em forma de cartas, o livro é, de fato, um discurso estimulador direcionado aos secularistas. Harris escreveu: "O propósito primário do livro é armar os secularistas de nossa sociedade, os quais acreditam que a religião deve ser mantida fora da política pública, contra os seus oponentes na direita cristã".[21]

Esse tom não é peculiar a Sam Harris. Todos esses escritores, em alguma medida — e Sam Harris talvez em medida mais extensa —, estão tentando encorajar seus colegas secularistas. Estão se empenhando por tornar o secularismo a tendência predominante. No ano passado, um grupo ateísta desencadeou uma busca pelo ateísta em posição mais elevada nos Estados Unidos. Depois de muito procurarem, acharam o deputado federal Pete Stark, da Califórnia, que, para tristeza do movimento, ao ser colocado diante do microfone, não foi capaz de explicar *por que* não cria em Deus. Apesar disso, ele se identificou como incrédulo e cético. Isso foi uma pequena vitória para o ateísmo organizado, mas, posteriormente, depois de uma pesquisa nacional, eles acharam somente um ateísta entre os membros do Congresso. Evidentemente, como disse

---

20 Harris, Sam. Letter to a christian nation. New York: Knopf, 2006.
21 Ibid. p. viii.

Sam Harris, se alguém se identifica como ateísta, não consegue sucesso eleitoral.

Isso desperta outro assunto nos escritos de Harris. Ele se dirige particularmente aos Estados Unidos, porque acha que os Estados Unidos deveriam sentir-se horrivelmente embaraçados entre as nações, visto que não estamos fazendo o jogo da secularização. Não seguimos a Europa Ocidental. Esse senso de embaraço a respeito dos Estados Unidos é a maior preocupação de Harris. Ele lamenta que, por alguma razão, uma virulenta corrente de crença em Deus persiste nesse país, e isso deve ser resultado de alguma falha básica na mente americana. Na realidade, Harris admite que se espanta com o fato de que os americanos tendem a possuir uma opinião tão desprezível acerca dos ateístas. Ele cita estudos que mostram que os americanos não confiam nos ateístas e conclui que não é *seguro* ser uma ateísta.

É claro que isso não é verdade na Europa, e tem sido assim por várias décadas. Por exemplo, durante o século XX, o presidente francês Francois Mitterrand foi um ateísta numa posição pública de destaque. De fato, ele se declarou ateísta por toda a sua vida adulta. Um livro sobre a vida de Mitterrand, escrito após a sua morte, foi intitulado *Dying Without God*.[22] Portanto, o ateísmo de Mitterrand foi considerado algo normal na França, que após a Revolução Francesa se tornou profundamente anticlerical, caracterizada por uma forte tendência ateísta.

* * *

---

22 GIESBERT, Frans-Olivier. *Dying without God*. New York: Arcade, 1998.

O Neo-ateísmo e o ataque ao teísmo

Christopher Hitchens o quarto cavaleiro do apocalipse do Neo-ateísmo. Nascido em 1943, Hitchens descreve-se a si mesmo como um antagonista; é um autor intelectual, culto, comentarista e crítico. Interessante é o fato de que ele é irmão de Peter Hitchens, um cristão, que também é comentarista, culto e personalidade dos meios de comunicações. Alienados durante vários anos, Peter e Christopher se reconciliaram em um nível pessoal. Christopher Hitchens é bem conhecido, até entre aqueles que têm pouco interesse no ateísmo, por uma transição política radical em sua vida. Cedo em sua vida, ele era um marxista trotskista de extrema esquerda. Os eventos de 11 de setembro de 2001 moveram-no consideravelmente para a direita, pelo menos nas questões de política estrangeira. Agora, ele crê que a ameaça dos militantes islâmicos é um dos grandes perigos do mundo e tem de ser confrontada face a face. Tudo isso contribuiu fortemente para a sua filosofia de que qualquer crença em Deus é uma ameaça fundamental à civilização.

Em 2007, Hitchens escreveu seu livro *Deus não é Grande: Como a Religião Envenena Tudo*.[23] No livro, ele fala sobre a sua infância como anglicano e, à semelhança de Richard Dawkins, afirma que foi durante sua educação anglicana que começou a duvidar — e quase na mesma idade. Há algo a aprendermos disso. Uma introdução apática ao cristianismo resulta em uma preparação medíocre para a vida e uma preparação pior ainda para ouvir o evangelho. O tipo de *quase* cristianismo institucionalizado que caracterizava a maior parte da educação pública britânica foi o que produziu um Dawkins e um Hitchens.

---

23 HITCHENS, Christopher. *God is not great*: how religion poisons everything. New York: Twelve, 2007.

Hitchens sugere que possui quatro objeções à fé religiosa: primeiro, ela entende erroneamente a origem do homem e do universo. Segundo, ele diz, a religião trabalha por combinar o máximo da serventia com o máximo do solipsismo. Os crentes são servis na mente, ele acusa, e totalmente auto-referenciais no que diz respeito à verdade. Terceiro, ele diz, a religião é a grande causa da repressão sexual. Quarto, a religião está, em última análise, fundamentada em uma maneira de pensar ambiciosa.[24]

Com base nisso, Hitchens força as pessoas, envergonhando-as, a que reconheçam sua incredulidade. Assim como outros, ele não está, necessariamente, procurando convencer os crentes de que eles devem abandonar a sua fé. Está tentando criar um *momentum* cultural, para encorajar outros a serem mais ousados em confessar a sua incredulidade.

* * *

Considerando as obras desses quatro escritores, bem como outros, como Michael Onfray, na França, e A. C. Grayling, na Inglaterra, podemos identificar oitos características peculiares do *Neo*-ateísmo — oito características que o distinguem das outras formas de ateísmo e estruturam o seu desafio à fé cristã.

Primeira, o *Neo*-ateísmo é marcado por uma ousadia sem precedente. Como já vimos, no antigo ateísmo geralmente havia um senso de saudade e um trágico senso de perda. Bertrand Russel, em seu infame livro *Por que não Sou Cristão*, revelou certo anelo, certo senso de que algo havia sido perdido.[25] Esse

---
24 Ibid. p. 4
25 RUSSELL, Bertrand. *Why I am not a christian.* Girard, KS: Haldeman-Julius, 1929

senso de perda está ausente no *Neo*-ateísmo. Este tem como característica peculiar o livrar-se de qualquer pretensão de que algo importante foi perdido e, em vez de tristeza, expressa celebração! Além disso, há uma vergonha lançada sobre aqueles que afirmam crer em Deus, mas, de fato, não crêem. Recordando a importante distinção elaborada por Daniel Dennett entre a crença em Deus e a crença na crença, todos esses quatro autores esperam ser possível convencer algumas pessoas que crêem *na crença de que elas, em vez disso, deveriam considerar o crer* em Deus como algo perigoso e reverter sua postura pública. Há uma nova ousadia, um ataque direto contra aquilo que eles consideram as pretensões do teísmo.

Segunda, há uma rejeição clara e específica do Deus cristão da Bíblia. Os ateístas do século XX se referiam em geral à idéia filosófica de um ser sobrenatural ou ao mal de um Deus que não impede a malignidade moral. Se isso era Positivismo Lógico ou alguma variação do pós-modernismo, a sugestão era a de que "deus" era uma *idéia* insustentável. Quanto aos novos ateístas, o argumento é que o que a Bíblia apresenta é um *Deus* insustentável. Os novos ateístas reconhecem que o Deus da Bíblia pode ser conhecido, que Ele (de acordo com seus seguidores) falou em um livro e definiu-se a Si mesmo. Contudo, fundamentando-se no pensamento dos ateístas do século XX, que rejeitavam a crença em qualquer Deus como resultado do Holocausto, os novos ateístas vão mais além e declaram que é perversidade crer em Deus — especificamente, no Deus na Bíblia.

Se o Deus da Bíblia é o Criador, dizem os novos ateístas, Ele precisa, como insistiu B. B. Warfield, assumir a responsabilidade por sua criação. E, se Deus tem de fazer isso, há *muito* pelo que Ele tem de assumir a responsabilidade. Se você ler a Bíblia, diz o *Neo*-ateísmo, não poderá evitar a conclusão de que a maioria dos seres humanos que já viveram sofrerão eterno tormento no inferno. De qualquer maneira, eles argumentam, esse Deus é um Deus mau, e aqueles que crêem nesse Deus também são maus. Isso é ilustrado pelo filósofo David Lewis, que ensinou durante vários anos na Universidade de Princeton. Em um ensaio publicado depois de sua morte em 2001, o professor Lewis escreveu: "Muitos cristãos parecem ser pessoas boas, pessoas dignas de admiração daqueles dentre nós que não são cristãos. Suponhamos, por questão de simplicidade, que esses cristãos aceitem um Deus que perpetra o mal divino, que inflige tormento infinito àqueles que não O aceitam; deixando de lado as aparências, aqueles que aceitam o realizador de males divinos não são eles mesmos maus?"[26]

Terceira, o *Neo*-ateísmo rejeita explicitamente a Jesus Cristo. Ora, isso também é algo novo, pelo menos em intensidade. Retrocedendo até aos gnósticos e a Marcião, muitos têm sugerido que o Antigo Testamento apresenta um Deus criador vingativo, enquanto o Novo Testamento apresenta um salvador maravilhoso, encarnado, libertador, amável, auto-sacrificial e compassivo: Jesus. O *Neo*-ateísmo não tem nenhuma dessas coisas. Christopher Hitchens, por exemplo, afirma que, embora o Deus do Antigo Testamento tenha matado inúmeras pessoas, o livro de Apocalipse mostra Jesus como muito mais vingativo do que o Deus do Antigo Testamento. No que se refere à violência, Hitchens argumenta, Jesus faz o Deus do Antigo Testamento parecer um amador.[27] Sam Harris acrescenta que até nos quatro

---

[26] Lewis, David. "Divine evil". In: Antony, Louise M. *Philosophers without God:* meditations on atheism and the secular life. New York: Oxford University Press, 2007. p. 238.
[27] Hitchens, Christopher. *God is not great:* how religion poisons everything. New York: Twelve, 2007. P. 109-122.

evangelhos Jesus acredita claramente que pessoas irão para o inferno. Não somente isso, mas também no livro de Mateus, Jesus assume a responsabilidade por todo o Antigo Testamento — "Nem um i ou um til jamais passará", Ele disse (Mt 5.18). Jesus não é, como desejam alguns protestantes liberais, uma nova face de Deus, uma maneira de Deus reparar sua má reputação. Não, Jesus tem de ser rejeitado tão vigorosamente como o Deus do Antigo Testamento.

Para Richard Dawkins, a malignidade central de Jesus é o restritivismo.[28] Em outras palavras, Dawkins argumenta que a religião constitui um perigo social porque cria um grupo dos que estão "dentro" e um grupo do que estão "fora", e essa é própria definição do exclusivismo. Assim, há aqueles que crêem e aqueles que rejeitam, e o resultado é o estabelecimento de identidades grupais que, eventualmente, se tornam perigosas. Na Índia, por exemplo, há uma luta permanente entre os hindus crentes e os mulçumanos crentes. Qualquer tipo de reivindicação da verdade caracterizada por restrição ou exclusivismo terá esse resultado, afirma Dawkins. E, de acordo com o *Neo-ateísmo*, Jesus não é melhor do que estes grupos religiosos modernos. A linguagem de Jesus, nos evangelhos, é tão exclusivista como a linguagem de Israel no Antigo Testamento. Jesus fala de seu povo em distinção a outras pessoas; fala sobre todo aquele que crê nEle em contraste com aqueles que não crêem.

Agora, a conclusão de tudo isso: a preocupação com o grupo dos que estão "fora" e o dos que estão "dentro", juntamente com a rejeição do teísmo bíblico, é que toda a idéia de monoteísmo se torna um grande problema. Stuart Hampshire, um filósofo da

---

28 DAWKINS, Richard. *The God delusion*. New York: Houghton-Mifflin, 2006. p. 293.

Universidade de Princeton, argumentou que o monoteísmo é o grande perigo da humanidade[29]. Argumentos semelhantes têm sido elaborados por outros personagens da cultura intelectual. O novelista Gore Vidal, por exemplo, disse que os monoteístas crêem em um "deus celestial" malvado que os chama a fazer coisas más em nome dele. O que vemos aqui não é uma rejeição da espiritualidade banal ou apenas das normas da religião vitoriana. Isso é, especificamente, uma rejeição do teísmo e do monoteísmo — uma rejeição das afirmações da verdade concernente ao Deus trino da Bíblia.

Quarta, o *Neo*-ateísmo está especificamente fundamentado no argumento científico. Três dos quatro cavaleiros do *Neo*-ateísmo são cientistas por formação, e Hitchens se considera uma pessoa cientificamente informada. Dennet, Dawkins e Harris são comprometidos com a ciência e, além disso, com o *cientificismo*. Todos os três crêem que a ciência explicará, no final, tudo que é explicável. O comprometimento deles com a cosmovisão do naturalismo e do materialismo é absoluta e inegociável. A maior prova disso talvez seja o projeto de pesquisa ao qual Dennett tem dedicado sua vida — a pesquisa para identificar um entendimento puramente físico de nossa consciência. Ora, esse é um desafio amedrontador. Dennett terá de apresentar uma interpretação materialista de quase *tudo* — desde o amor de uma mãe por seu filho até padrões de votação numa eleição nacional e, com certeza, à crença em Deus. Cada simples estado emotivo, cada escolha, cada ação da mente, cada ato simples da consciência tem de ser explicado em termos de interações químicas nos tecidos do cérebro.

---

[29] HAMPSHIRE, Stuart. *Justice is conflict*. Princeton: Princeton University Press, 2000. p. 51-75.

O Neo-ateísmo e o ataque ao teísmo

O argumento dos Novos Ateístas é que a ciência é o caminho da liberdade, o caminho da libertação, o caminho da iluminação. Por isso, Richard Dawkins crê que a ciência evolucionista é o meio de iluminação e a rota do homem para a liberdade. Daniel Dennett crê que o darwinismo é o ácido universal que queima tudo, não deixa nada, exceto ele mesmo como a explicação causal. Sam Harris crê que a ciência detém a promessa de uma nova vida humana futura e julga os cristãos responsáveis por atrasarem os avanços científicos (tais como a pesquisa de célula tronco embrionária) que poderiam trazer essa nova era. E não somente isso, todos esses ateístas estão positivamente terrificados com o fato de que os americanos não crêem na evolução.

Um dos jornalistas que faz parte desse diálogo é Nicholas Kristof, do *New York Times*. Ele mesmo não despreza os evangélicos, embora tenha deixado bem claro que reserva para si o direito de opor-se a todas as posições políticas "desprezíveis" do evangelicalismo. Há alguns anos, Kristof escreveu uma coluna em que se admirava e lamentava do fato de que na América do Norte há mais pessoas que dizem crer no nascimento virginal de Cristo do que as que afirmam acreditar na evolução. É claro que o artigo prossegue tentando ridicularizar o nascimento virginal de Cristo e argumentando que toda pessoa inteligente e sensata tem de aceitar a evolução.[30] Todavia, apesar de tudo isso, a maioria dos americanos rejeita a evolução. Isso é para os novos ateístas uma fonte de frustração interminável.

Quinta, o *Neo*-ateísmo é novo em sua recusa de tolerar formas de crença moderadas e liberais. Ora, isso é algo genuinamente proveitoso. Em atitude contrária às diferentes formas

---

30 KRISTOF, Nicholas. Believe it, or not. *New York Times*, New York, Aug. 15, 2003

antigas de ateísmo, o *Neo*-ateísmo não procura incentivar as formas acomodadas de crenças teístas. Um dos grandes projetos do liberalismo teológico do século XX foi salvar o cristianismo por acomodá-lo à nova tendência cultural. Assim, todos os elementos sobrenaturais do cristianismo tradicional — milagres, inspiração verbal, ressurreição — foram descartados. Os secularistas admitiram que essas coisas seguiram o seu caminho. Afinal de contas, a revista *Time* publicou um artigo de capa, em 1960, sobre a morte de Deus[31]. Além disso, mudanças tremendas ocorreram nas principais denominações protestantes, nas quais um teólogo após outro adotaram formas acomodadas de teísmo. Parecia que as coisas estavam seguindo o caminho certo, e os ateístas e secularistas encorajando publicamente essas novas formas moderadas de cristianismo.

Mas isso não ocorre agora. O *Neo*-ateísmo não vê mais as crenças moderadas e liberais como um bem social, e sim como males sociais. É claro que crentes moderados não lançarão aviões contra arranha-céus, os novos ateístas admitem, nem tentarão controlar sua vida sexual da maneira como supostamente o fazem os cristãos evangélicos. Todavia, eles ainda são perigosos, porque estão dando cobertura aos verdadeiros "crentes em Deus". Estão tornando o crer mais aceitável à sociedade. Aos olhos dos novos ateístas, os cristãos moderados não constituem uma parte da solução. São parte do problema. Os novos ateístas acham que a acomodação desses cristãos removeu parte do aguilhão do cristianismo e retirou a ameaça de seu sistema de crença; todavia, a realidade é que eles estão fortalecendo os fundamentalistas — os verdadeiros crentes —, porque estes podem

---

31 FUERBRINGER, Otto. (Ed.) Is God dead? *Time*, v. 87, n. 14, Apr. 1966

passar despercebidos, encobertos pela popularidade e tolerância dos moderados.

Ora, por que tudo isso seria, de algum modo, proveitoso? A resposta é que isso nos recorda que o teísmo que se acomoda não obtém nenhuma vantagem. Não impressiona a ninguém. A negação do teísmo bíblico é um projeto intelectual fracassado, não somente porque nega o Deus da Bíblia, mas também porque não realiza, de modo pragmático, aquilo que seus proponentes esperavam que ele realizaria. Na nova atmosfera intelectual em que nos encontramos, uma forma de teísmo acomodado não é mais aceitável às elites culturais, assim como não o é a fé robusta e bíblica.

A sexta distinção do *Neo*-ateísmo é o ataque à tolerância. Vários dos novos ateístas também consideram perigosa a experiência americana de liberdade de expressão, porque ela torna legítimos tipos de sistemas de crenças que são perigosos, não distinguindo entre formas seguras e inseguras de religião. Assim, Sam Harris afirma, mais enfaticamente do que os outros, que está na hora de nos livrarmos da tolerância religiosa, pois isso é uma experiência que se tornou muito cara.[32]

Sétima, os novos ateístas começaram a questionar o direito que os pais têm de inculcar a crença em seus próprios filhos. A acusação, mais especificamente da parte de Dawkins, é que isso é uma forma de abuso infantil. Ora, esse é um argumento bastante perigoso, porque é quase perfeitamente estruturado em termos dos direitos de uma criança e dos possíveis danos que lhe podem sobrevir. Além disso, numa época em que as funções da família e a dos pais estão sendo espoliadas por uma sociedade burocrática e um estado regulador, é muito tentador à esquerda

---

[32] HARRIS, Sam. *Letter to a christian nation*. New York: Knopf, 2006. p. xii.

secular pensar que pode ser possível definir uma criança como uma unidade em si mesma. Quando isso acontece, quando a criança é identificada como uma unidade autodefinida, independente de seus pais, não é difícil concluir que o preconceito causado pelos pais à criança, em termos de religião, é uma forma de abuso infantil.

Neste sentido, no começo do século XX John Dewey argumentou e sugeriu que a única maneira de forjarmos uma cultura democrática era separar os filhos de imigrantes dos preconceitos de seus pais. Assim, começou o projeto da escola pública, com o qual ele era comprometido. Pelo que sei, Dewey nunca chamou isso de abuso infantil. Essa expressão é peculiar aos novos ateístas.

Oitava e final, os novos ateístas argumentam que religião tem de ser eliminada para que a liberdade humana seja preservada. A liberdade é um dos grandes bens para esses secularistas; por isso, qualquer restrição à liberdade humana é errada, por definição. Do ponto de vista deles, a humanidade jamais poderá ser livre, se a autoridade de Deus e da igreja não forem subvertidas. Assim, há um impulso moral por trás da ambição deles — como é verdade em todo movimento revolucionário. E não se engane — o *Neo*-ateísmo representa, de fato, uma nova revolução.

CAPÍTULO 3

O Neo-ateísmo e a defesa do teísmo

O desafio do *Neo*-ateísmo exige uma resposta cristã em diversos níveis. No nível intelectual, o *Neo*-ateísmo confronta a teologia cristã com a necessidade de uma defesa do teísmo bem fundamentada e digna de credibilidade — em particular, uma defesa do teísmo cristão. No nível da cosmovisão, incluindo os padrões pré-teológicos de pensamento, o *Neo*-ateísmo exige uma refutação do naturalismo como a única possibilidade de obtermos o conhecimento legítimo. No nível moral, o *Neo*-ateísmo desafia os teólogos cristãos a responderem de um modo digno de credibilidade, mas não apenas com o intelecto. Como o falecido Carl F. H. Henry recordou aos evangélicos, o mundo está buscando uma demonstração evangélica do cristianismo, e não meramente uma defesa intelectual. Por último, no nível da política pública, os cristãos têm de combater a afirmação de que criar os filhos para serem crentes é uma forma de abuso infantil, bem como a afirmação feita por alguns no sentido de que o teísmo é perigoso demais para ser tolerado.

O ateísmo não é um novo desafio, mas os novos ateístas são vistos como que representando uma nova e poderosa refutação do teísmo. O desafio deles exige e merece uma resposta cristã convincente.

* * *

Dois anos antes da publicação de *Deus, um Delírio*, escrito por Richard Dawkins, o teólogo Alister McGrath, de Oxford, lançou a obra *The Twilight of Atheism: The Rise and Fall of Disbelief in the Modern World*.[1] Considerando o desenvolvimento da história moderna na cultura ocidental, McGrath ressaltou dois acontecimentos centrais que delimitaram o surgimento e a queda do ateísmo — a Queda da Bastilha, em 1789, e a queda do Muro de Berlim, em 1989. Esses dois acontecimentos, argumentou McGrath, marcaram os limites históricos do "notável surgimento e do subseqüente declínio do ateísmo".

A confiança de McGrath na queda do ateísmo como uma cosmovisão poderosa se arraigava no seu senso de que a queda do estado secular soviético e de seu império marcava um momento decisivo de mudança no pensamento ocidental. Assim como a Revolução Francesa afirmara o secularismo como resultado do Iluminismo e da Era de Revolução, assim também a queda do comunismo soviético marcou o estágio final do secularismo imposto pelo Estado.

The Twilight of Atheism é um livro estimulante e uma análise instrutiva do desenvolvimento do ateísmo como cosmovisão no Ocidente. Apesar disso, o título do livro — lançado dois anos antes do *Neo*-ateísmo emergir com plena força — pode ser entendido como um exemplo de *timming* infeliz. No entanto,

---

[1] MCGRATH, Alister. *The twilight of atheism*: the rise and fall of disbelief in the modern world. New York: Doubleday, 2004.

O Neo-ateísmo e a defesa do teísmo

McGrath não estava realmente argumentando que o ateísmo desapareceria, mas somente afirmava que o ateísmo havia falhado em seu projeto de tornar a crença em Deus — e o teísmo cristão em particular — intelectualmente ilógico. McGrath argumentou que o ateísmo havia falhado em excitar a imaginação pública e, na opinião dele, não encarou um futuro que é "especialmente distinto e estimulante".[2] O ateísmo, reconheceu McGrath, é caracterizado por seriedade moral, e temos de admitir que o ateísmo apresenta preocupações legítimas a respeito do cristianismo institucional. De fato, o ateísmo pode, às vezes, fortalecer a teologia cristã, por determinar a identificação de argumentos fracos e o desenvolvimento de defesas da fé intelectualmente melhores.

No final, McGrath afirmou que "o ateísmo ocidental acha-se agora como que em uma zona de crepúsculo. Outrora o ateísmo era uma cosmovisão que possuía um ponto de vista positivo da realidade, ele agora parecer haver se tornado um grupo de pressão permanente; e sua agenda está dominada por interesses concernentes a limitar a influência política da religião".[3]

Quanto ao seu futuro, "teremos de esperar e ver".[4] Bem, conforme o ateísmo tem se mostrado, não esperaremos muito.

Um ano depois da publicação de *Deus, um Delírio*, McGrath e sua esposa, Joanna Collicutt McGrath, publicaram *O Delírio de Dawkins: Uma Resposta ao Fundamentalismo Ateísta de Richard Dawkins*.[5] Esse novo livro foi uma resposta direta a Ri-

---

2 Ibid. p. 272
3 Ibid, p. 279
4 Ibid.
5 McGrath, Alister; McGrath, Joanna C. *O Delírio de Dawkins:* Uma Resposta ao Fundamentalismo Ateísta de Richard Dawkins. São Paulo: Mundo Cristão, 2007.

chard Dawkins, que, de acordo com McGrath, depois de *Deus, um Delírio* emergira como "o polemista ateu mais famoso do mundo".[6] Dawkins, eles observaram, está "determinado a converter o leitor" e mostrar todo o teísmo como ilusório.[7]

Em 2005, McGrath publicou *O Deus de Dawkins: Genes, Memes e o Sentido da Vida*.[8] Neste livro, McGrath menciona o fato de que conheceu inesperadamente a obra de Dawkins em 1977, enquanto terminava sua pesquisa de doutorado em bioquímica, na Universidade de Oxford. Assim, Dawkins fazia parte do cenário intelectual de McGrath antes mesmo de firmar sua reputação como o "rottweiler de Darwin". *O Deus de Dawkins* é uma serena e prudente consideração do desafio de Dawkins à teologia cristã. O livro dirige-se particularmente às implicações da cosmovisão naturalista de Dawkins e sua expansão da teoria de Darwin a cada dimensão da cultura e significado. A principal queixa de McGrath é que Dawkins entendeu erroneamente as relações entre a ciência e a religião. "Dawkins faz de fato perguntas pertinentes", diz McGrath, "e oferece algumas respostas interessantes".[9] No entanto, "não são respostas em particular e reconhecidamente confiáveis, a menos que você acredite que os religiosos são pessoas tolas, que odeiam a ciência, guiadas de maneira geral, por 'fé cega' e outras coisas impronunciáveis".[10]

Alister McGrath talvez seja a pessoa ideal para responder publicamente a Dawkins. Afinal de contas, McGrath não é so-

---

6 Ibid. p. 7
7 Ibid.
8 McGrath, Alister. *O Deus de Dawkins:* genes, memes e o sentido da vida. São Paulo: Shedd, 2008.
9 Ibid. p. 198.
10 Ibid.

mente um teólogo, mas também um cientista que estudou em Oxford, possui um doutorado em biofísica molecular e um doutorado em teologia. Além disso, McGrath já foi ele mesmo um ateu que aguardava o "fim da religião com certo prazer".[11] Joanna Collicutt McGrath também é uma cientista que está se especializando em neuropsicologia clínica e filosofia da religião.

Escrevendo na primeira pessoa, McGrath destaca os paralelos e divergências entre sua trajetória e a de Richard Dawkins:

> Embora na juventude estivesse total e apaixonadamente persuadido da veracidade e relevância do ateísmo, convenci-me mais tarde de que o cristianismo era uma visão de mundo muito mais interessante e intelectualmente estimulante. Sempre valorizei o livre-pensamento e a possibilidade de rebelião contra as ortodoxias de uma época. No entanto, nunca imaginara aonde o meu livre-pensamento me levaria.
>
> Dessa forma, Dawkins e eu caminhamos em direções totalmente diferentes, embora, essencialmente pelas mesmas razões. Somos ambos acadêmicos de Oxford que amam as ciências naturais. Acreditamos com entusiasmo no pensamento baseado na evidência e somos críticos dos que sustentam crenças apaixonadas por razões infundadas. Tanto ele como eu gostaríamos de acreditar que poderíamos mudar o que pensamos sobre Deus, se as evidências assim o exigissem. Entretanto, com base em nossa experiência e análise do mesmo mundo, chegamos a conclusões radicalmente diferentes sobre Deus.[12]

---

11 MCGRATH, Alister; MCGRATH, Joanna C. *O Delírio de Dawkins*, p. 12.
12 Ibid. p. 13

McGrath argumenta que Dawkins encara a ciência evolucionista como "uma auto-estrada intelectual para o ateísmo".[13] No entanto, esta mesma ciência — e os hábitos intelectuais que eles nutrem — levou McGrath à fé cristã.

No primeiro nível, McGrath acusa Dawkins de escrever um livro negligente e não científico. "O livro é em geral pouco mais que um ajuntamento de factóides convenientemente exagerados para alcançar o impacto máximo e fragilmente organizados para sugerir que constituem um argumento."[14] *Deus, um Delírio* é "contra-senso grosseiro" cujo objetivo não é alcançar os crentes, afirma McGrath, porque os verdadeiros crentes não reconhecerão suas crenças nessa obra de Dawkins.[15] Em outras palavras, McGrath diz que Dawkins está realmente escrevendo um tipo de obra inspiradora para seus colegas ateístas. Se Dawkins tencionava, de fato, alcançar os crentes com seus argumentos, deveria ter, antes de tudo, um entendimento mais adequado e respeitável das crenças que deseja que os crentes abandonem.

Em uma censura vigorosa, McGrath argumenta que Richard Dawkins se tornou aquilo a que se opõe — um fundamentalista sem qualquer abertura a uma crítica de suas convicções e sem qualquer desejo concreto de entender aquilo que ele rejeita.

O Delírio de Dawkins não é uma refutação sistemática de *Deus, um Delírio*. Em vez disso, McGrath considera vários temas e pontos de argumento no livro de Dawkins e apresenta sua própria crítica.

McGrath aborda o argumento de Dawkins no sentido de que a crença em Deus é basicamente infantil. Servindo-se de inconce-

---

13 Ibid.
14 Ibid. p. 18
15 Ibid.

O Neo-ateísmo e a defesa do teísmo

bível condescendência intelectual, Richard Dawkins sugeriu que aqueles que crêem em Deus estão atolados em infantilismo mental — uma acusação que ele estende a culturas que fomentam e compartilham as mesmas convicções. Assim como Dawkins instou a humanidade a "deixar a fase do bebê-chorão e finalmente atingir a maioridade", assim também McGrath exorta Dawkins a abandonar sua crítica imatura do teísmo.[16] Afinal de contas, McGrath observou, o argumento de que a crença em Deus é infantil pode ser transtornado instantaneamente. O teísmo não é irracional, mas, ao contrário do que afirma Dawkins, a crença em Deus não repousa em qualquer conjunto de provas filosóficas clássicas. Deus não é, em qualquer sentido, mais "improvável" do que a própria humanidade, nos termos de Dawkins — pois ele mesmo formula o argumento de que o surgimento da humanidade é, em si mesma, altamente improvável.[17]

Em seguida, McGrath contesta a declaração de Dawkins e outros cientistas, de que a ciência tem, de algum modo, refutado a Deus. Conforme ele explica, talvez não haja nenhuma determinação científica para as "perguntas cruciais".

> Isto significa que as grandes questões da vida (algumas das quais também são questões científicas) não podem ser respondidas com nenhum grau de certeza. Um determinado conjunto de observações pode ser explicado por várias teorias. Para usar o jargão da filosofia da ciência: as teorias são sub-determinadas pelas evidências. Surge então a pergunta: que critérios podem ser usados para decidir entre elas, em especial quando forem "empiricamente

---

16 Ibid. p. 28
17 DAWKINS, Richard. *Climbing mount improbable.* New York: Norton, 1996.

equivalentes"? Simplicidade? Beleza? O debate se amplia, irresoluto; e seu resultado é totalmente previsível: as grandes questões permanecem sem resposta. Pode não haver uma "prova" científica das questões fundamentais. Talvez não possamos responder a elas ou devamos fazê-lo em outras bases que não as das ciências.[18]

Isso não é uma refutação do método científico, diz McGrath, é apenas uma afirmação de suas limitações inerentes. Visto que Dawkins sugere que os cientistas genuínos *têm* de ser ateístas, McGrath argumenta que os cientistas genuínos entendem as limitações do método científico, e querem considerar as questões com uma abertura intelectual que evidentemente está ausente em Richard Dawkins. Este vê o mundo todo como que dividido em dois campos opostos: razão e superstição. McGrath vê isso como outro exemplo do fundamentalismo de Dawkins:

> Dawkins está claramente entrincheirado em sua própria versão peculiar de um dualismo fundamentalista. Muitos perceberão, contudo, que é conveniente um confronto com a realidade, se já não estiver atrasado. Dawkins parece observar as coisas a partir de uma visão de mundo altamente polarizada e não menos apocalíptica e distorcida que a dos fundamentalismos religiosos que deseja erradicar. A solução para o fundamentalismo religioso se dará *de fato* através da reprodução de seus vícios pelos ateus? Estão nos oferecendo um fundamentalismo ateu profundamente falho e distorcido, como sua contraparte religiosa. Há meios melhores de lidar com o fundamentalismo religioso. Dawkins faz parte do problema, não da solução.[19]

---

18 MCGRATH, Alister; MCGRATH, Joanna C. *O Delírio de Dawkins,* p. 49-50
19 Ibid. p. 66-67

O Neo-ateísmo e a defesa do teísmo

O fato de que Richard Dawkins elabora seu argumento como um cientista reconhecido mundialmente serve apenas para confundir o público a respeito da credibilidade intelectual de seu projeto em *Deus, um Delírio*. No final, Dawkins escreve sobre uma área que está fora de sua especialização — essa é uma acusação levantada por muitos outros críticos de seu pensamento.

* * *

Outro aspecto do ateísmo de Dawkins é seu argumento de que a religião se origina da necessidade de consolo — um argumento que ele compartilha com Daniel Dennett, entre outros. Todavia, como observou McGrath, isso não é um argumento novo. Foi apresentado em seu modo clássico por Ludwing Feuerbach. McGrath recorda aos seus leitores que ter carência de algo não é, em si mesmo, uma prova de que aquilo não existe. Ele compara a necessidade humana por Deus ao poderoso desejo representado pela sede — e, assim como a sede corresponde à realidade da água, assim também a fé corresponde à realidade de Deus.

Levando em conta sua cosmovisão, Dawkins tem de oferecer uma explicação totalmente naturalista da fé religiosa. Seu total e inflexível comprometimento com a cosmovisão naturalista exige que ele explique tudo, desde o menor detalhe à maior teoria, em termos completamente naturalistas. De acordo com isso, ele argumenta que a crença em Deus já serviu a algum propósito evolucionista, mas agora representa um "meme" tóxico que se replica constantemente no cérebro humano.

Neste ponto, McGrath apresenta uma crítica incisiva contra a afirmação de Dawkins de que a crença em Deus é um simples meme — um replicador cognitivo passado de cérebro a cérebro. Embora McGrath não refute a existência dos memes — e chega até a elogiar Dawkins por essa idéia intelectualmente estimulante —, ele insiste que não há qualquer evidência de que memes existem. A questão dos memes não é, insiste McGrath, nem mesmo uma questão de religião.

> Trata-se de avaliar se o meme é uma hipótese científica viável, pois ele não possui definição operacional clara, nenhum modelo examinável de como influencia a cultura e nem por que os modelos-padrão de seleção são inadequados. Nota-se uma tendência geral de ignorar os sofisticados modelos de transferência de informação já consolidados na ciência social e um alto grau de circularidade na explicação do poder dos memes.[20]

Em vez disso, um meme é essencialmente "uma noção biológica" que está profundamente arraigada no naturalismo evolucionista de Dawkins. Por fim:

> A meu ver, Dawkins torna sua crítica da religião dependente de uma entidade hipotética, não-observável, que pode ser dispensada por completo para explicar o que observamos. Mas não é essa, na verdade, a crítica ateísta a Deus: que Ele é uma hipótese não-observável que pode ser tranquilamente dispensada? A evidência científica dos memes é na verdade muito mais fraca que as evidências históricas da existência de Jesus — algo que Dawkins, reveladoramente, considera uma questão

---

20 Ibid. p. 100

O Neo-ateísmo e a defesa do teísmo

em aberto, enquanto defende com obstinação seu sonho do meme. Então, considerando-se a tenuidade das evidências dos memes, teríamos de propor, em primeiro lugar, um meme para a crença nos memes?[21]

A crítica de McGrath dirigida a Richard Dawkins não se limita a assuntos relacionados à ciência, pois Dawkins mesmo não se limita a preocupações científicas. Um dos argumentos centrais de Dawkins é que a fé em Deus é má e leva os crentes a praticarem atos grosseiros e violentos.

McGrath reconhece que os crentes têm cometido, de várias formas, grandes males, mas insiste que isso não é *necessário* à religião. Assim, McGrath afirma que Dawkins tem apresentado uma visão unilateral da história, selecionando evidências que acredita apoiarem o seu argumento e ignorando todo o resto. Assim como Dawkins, McGrath denuncia o uso da violência:

> Esta característica é, no entanto, *necessária* à religião? Aqui, devo insistir em que abandonemos a antiquada idéia de que todas as religiões dizem mais ou menos o mesmo. É claro que não dizem isso. Escrevo como um cristão que defende que a face, a vontade e o caráter de Deus foram revelados em Jesus de Nazaré. E, como Dawkins sabe, Jesus de Nazaré não cometeu nenhuma violência contra ninguém. Ele foi o objeto, não o agente, de violência. Em vez de combater violência com violência, fúria com fúria, os cristãos são exortados a "oferecer a outra face" e a "não deixar o sol se pôr sobre a sua ira". Eis a eliminação das raízes da violência. Não. Mais que isso: eis a sua *transfiguração*.[22]

---

21 Ibid. p. 103
22 Ibid. p. 108

Além disso, McGrath acusa Dawkins de deixar de admitir que o secularismo, ao tornar-se absoluto, se converte numa fonte de violência; e isso é documentado mesmo na época em que vivemos. Dawkins, ele afirma, "não consegue entender que, ao rejeitar a idéia de Deus, a sociedade tende a transcendentalizar alternativas — como os ideais de liberdade ou de igualdade".[23] Quando isso acontece, essas alternativas ideológicas se tornam "autoridades quase divinas" que funcionam à semelhança das doutrinas religiosas.[24]

A crítica de McGrath a respeito de Dawkins — e, além deste, ao projeto do *Neo*-ateísmo — é digna de atenção diligente. Em última análise, a crítica de McGrath é muito valiosa para a sua refutação e debilitação incisiva de muitos dos argumentos mais centrais de Dawkins. Ele não chega a promover nenhum modelo específico de teísmo. Sua resposta a Dawkins é, em essência, defensiva e avaliadora, mas amplamente analítica.

Outro aspecto interessante na crítica de McGrath é que ele se mostra condescendente com muito da teoria evolucionista que é central no projeto de Dawkins. Parece que um dos principais interesses de McGrath é aceitar o amplo sistema evolucionista, enquanto insiste que a evolução não *exige* a rejeição do teísmo. Este argumento está acompanhado de suas próprias limitações significativas.

* * *

Uma abordagem semelhante é assumida por um dos mais importantes críticos de Dawkins. Alvin Plantinga, talvez o fi-

---

[23] Ibid. p. 114
[24] Ibid.

lósofo cristão mais influente no mundo hoje, serve como Professor de Filosofia John A. O'Brien, na Universidade de Notre Dame. Depois de ensinar por duas décadas no Calvin College, Plantinga se mudou para fazer parte do corpo docente da Universidade de Notre Dame, onde tem moldado gerações de filósofos cristãos. Plantinga, assim como McGrath, não se opõe à teoria evolucionista, por si mesma, mas sugere que Dawkins levou o naturalismo a uma conclusão absurda.

A crítica de Plantinga acerca de Dawkins apareceu na resenha publicada na edição de março/abril de 2007 da revista *Books & Culture*[25]. Em sua resenha de *Deus, um Delírio*, Plantinga não abranda as palavras. Ele identifica o livro como "uma crítica violenta e ampla contra a religião, em geral, e a crença em Deus, em particular".[26] Plantinga identifica Richard Dawkins e Daniel Dennett como "os dois homens mais famosos do ateísmo acadêmico contemporâneo" e dirige sua crítica ao movimento como um todo.[27]

Assim como McGrath, Plantinga reconhece a posição de Richard Dawkins como cientista, pesquisador e escritor. Identifica-o como, "talvez, o escritor de ciência mais popular no mundo" e "um escritor muito capaz".[28] Contudo, Plantinga insiste que *Deus, um Delírio* contém pouca ciência e trata mais de filosofia e teologia; é, ao mesmo tempo, "uma substancial ostentação de comentários sociais depreciando a religião e seus supostos efeitos perniciosos".[29]

---

25 PLANTINGA, Alvin. "The Dawkins confusion". *Books & Culture*, Carol Stream, v. 12, n. 2, March/April 2007.
26 Ibid. p. 1
27 Ibid.
28 Ibid.
29 Ibid.

De certo modo, Plantinga escreveu como um acadêmico tranqüilo que resenhou a obra de outro acadêmico, que perdeu, talvez por enquanto, seu senso de decoro e erudição acadêmica. Plantinga reprova Dawkins por causa da "proporção de insulto, ridículo, zombaria, indisposição e vitupério" que se acha em *Deus, um Delírio*.[30] De fato, Plantinga chega a sugerir que Dawkins poderia ter um futuro promissor como escritor de discursos agressivos para políticos.

O maior ímpeto da crítica de Plantinga é dirigido contra o fracasso de Dawkins em demonstrar um entendimento básico das questões filosóficas e teológicas envolvidas no teísmo. Com uma linguagem singularmente severa, Plantinga sugere: "Ora, talvez você diga que algumas das tentativas de Dawkins em falar sobre filosofia estão, no máximo, em nível calouro, mas isso seria injustiça aos calouros. O fato é que (notas arrogantes à parte) muitos dos argumentos de Dawkins receberiam nota baixa em uma classe de principiantes em filosofia".[31] Plantinga admite seu descontentamento ao ler o livro, chegando quase a sugerir que o livro é tão vazio filosoficamente, que se torna indigno de consideração séria. No entanto, devido à importância pública da obra, Plantinga continua e faz uma análise mais atenta das propostas de Dawkins.

Plantinga considera de modo específico a sugestão de Dawkins de que Deus não deve existir porque a própria idéia da existência de Deus é "grandiosamente improvável". A improbabilidade da existência de Deus, Dawkins insiste, se deve ao fato de que, se Ele é realmente Deus, tem de ser altamente *complexo*. Por causa de seu entendimento quanto à teoria da evo-

---

30 Ibid.
31 Ibid. p. 1-2

O Neo-ateísmo e a defesa do teísmo

lução e em perfeita coerência com sua cosmovisão naturalista, Dawkins sustenta que algo altamente complexo é altamente improvável. Plantinga, que entende o teísmo tanto em termos filosóficos como teológicos, argumenta que Dawkins cometeu, neste ponto, um erro gigantesco. Não há qualquer razão para crermos que Deus seja *complexo* no sentido em que Dawkins insiste que Ele deve ser. A cosmovisão evolucionista de Dawkins não deixa qualquer espaço para planejamento ou planejador, mas Plantinga sugere que, neste caso, Dawkins está apenas levando o naturalismo a uma conclusão absurda. Eis o âmago do argumento de Plantinga a respeito de Dawkins:

> Primeiro, é muito óbvio que Deus é complexo. Mas, segundo, suponha que admitamos, pelo menos para formular um argumento, que Deus *é* complexo. Talvez pensemos: quanto mais um ser conhece as coisas, tanto mais complexo ele é. Sendo Deus onisciente, conseqüentemente Ele é altamente complexo. Talvez seja assim. Além disso, por que Dawkins pensa que devemos concluir que Deus é improvável? Devido ao *materialismo* e à idéia de que os objetos cruciais de nosso universo são partículas elementares da física, talvez um ser que conhecesse tanto seria improvável — como essas partículas poderiam ser arranjadas de tal modo a constituir um ser com todo esse conhecimento? É claro que não *somos* materialistas. Dawkins está argumentando que o teísmo é improvável. Seria dialeticamente deficiente *in excelsis* argumentar isso recorrendo ao materialismo como premissa. É claro que é improvável que haja uma pessoa como Deus, se o materialismo é verdadeiro. De fato, o materialismo envolve logicamente que não haja tal pessoa como Deus. Contudo, ar-

gumentar que o teísmo é improvável, porque o materialismo é verdadeiro, seria uma *falácia lógica*.[32]

No fim, Plantinga identifica corretamente o problema central do naturalismo de Dawkins. Devido à sua aceitação absoluta e acrítica do naturalismo como cosmovisão, Dawkins não tem outra opção, exceto o materialismo, e sua falta de humildade intelectual é vista no fato de que admite que sua cosmovisão é a única *possível* e *digna de credibilidade* na era moderna. Mas, como explica Plantinga, é o próprio naturalismo que é, em última análise, auto-refutador.

> De acordo com o ponto de vista teísta, esperaríamos que nossas faculdades cognitivas seriam confiáveis (em sua maior parte, admitidas certas condições e cautela). Deus nos criou à sua imagem, e uma parte importante de portar essa imagem é a nossa semelhança com Ele em sermos capazes de formar verdadeiras crenças e atingir conhecimento. No entanto, com base em um ponto de vista naturalista, o pensamento de que nossas faculdades cognitivas são confiáveis (produzem uma preponderância das verdadeiras crenças) seria, na melhor das hipóteses, uma esperança ingênua. Os naturalistas... [teriam] de sustentar que é improvável, admitida a evolução não-orientada, que vivemos em um tipo de mundo quimérico, visto que realmente sabemos algo a respeito de nós mesmos e do mundo.

O problema real neste caso é obviamente o naturalismo de Dawkins, sua crença de que não existe tal pessoa como Deus ou semelhante a Ele. Isso acontece porque o naturalismo implica a

---

32 Ibid. p. 4

evolução não-orientada. Portanto, uma conclusão mais ampla é que ninguém pode aceitar racionalmente o naturalismo e a evolução. Logo, o naturalismo é um conflito com a principal doutrina da ciência contemporânea. Pessoas como Dawkins sustentam a idéia de que existe um conflito entre a ciência e a religião, porque acham que existe um conflito entre evolução e o teísmo. A verdade da questão é que existe um conflito entre a ciência e o naturalismo, e não entre a ciência e a crença em Deus.[33]

Plantinga afirma que a obra de Dawkins e o naturalismo associado ao *Neo*-ateísmo não chegam nem perto de refutar a crença em Deus e de estabelecer que as crenças teístas sejam engano e ilusão. Em vez disso, "o naturalismo que Dawkins adota... juntamente com sua falta de agradabilidade intrínseca e suas conclusões desanimadoras a respeito do ser humano e de seu lugar no universo, está em um profundo problema autoreferencial. Não há razão para crermos nesse naturalismo, e há razões excelentes para que o rejeitemos".[34]

* * *

As críticas apresentadas por Alister McGrath e Alvin Plantinga são instrutivas. Em ambos os casos, Richard Dawkins é visto como a mais notável das pessoas associadas com o *Neo*-ateísmo. A popularidade de *Deus, um Delírio* e outras obras de Dawkins estabeleceram-no como o mais importante dos Novos Ateístas. Tanto McGrath como Plan-

---

33 Ibid. p. 7-8
34 Ibid. p. 8

tinga identificam Dawkins dessa maneira, embora sejam de disciplinas acadêmicas diferentes.

Ao mesmo tempo, há limitações inerentes na abordagem seguida por esses homens. McGrath e Plantinga oferecem o que é essencialmente uma crítica negativa do *Neo*-ateísmo. Em ambos os casos, a crítica é intelectualmente devastadora. McGrath revela o fato de que Dawkins entende mal a relação entre a ciência e a religião e, ao fazer isso, fracassa em demonstrar o tipo de credibilidade científica e a abertura que caracteriza a inquirição científica autêntica. Plantinga, por outro lado, revela Dawkins como alguém filosoficamente irresponsável, deixando de entender o que um acadêmico calouro deveria saber em termos de filosofia e argumentação. Dawkins, explica Plantinga, "parece ter escolhido a Deus como o seu inimigo juramentado".[35] Tendo a Deus como seu inimigo, Dawkins recorre à crítica violenta e argumentação negligente para favorecer seu argumento.

Com base nessas críticas, pareceria correto acreditar que McGrath e Plantinga estenderiam suas críticas, removendo-as do foco em Richard Dawkins, ao projeto mais amplo do *Neo*-ateísmo. De fato, ambos mencionam Daniel Dennett, e Alvin Plantinga identifica Sam Harris como um "parceiro mais novo" no empreendimento do *Neo*-ateísmo.

Em algum sentido, o calcanhar de Aquiles nas críticas apresentadas por McGrath e Plantinga pode ser a sua própria aceitação do amplo projeto da evolução. Logo, parece totalmente possível que Richard Dawkins, Daniel Dennett e Sam Harris poderiam virar a mesa e acusar McGrath e Plantinga de falharem em não levar a teoria de evolução à sua conclusão inevitável — o naturalismo.

---

35 Ibid. p. 1

O Neo-ateísmo e a defesa do teísmo

Em última análise, os cristãos evangélicos têm de recordar que a ênfase de nossa preocupação não é apenas refutar o ateísmo ou argumentar em favor da credibilidade intelectual do teísmo de forma genérica ou minimalista. Em vez disso, nossa tarefa consiste em apresentar, ensinar, explicar e defender o teísmo cristão. Quanto a este ponto, a defesa do teísmo bíblico revela que a grande divisão no pensamento intelectual não é meramente a respeito da *existência* de Deus, e sim a respeito de haver Ele *falado*. O materialismo e o naturalismo que são centrais no *Neo*-ateísmo rejeitam a categoria da revelação imediata. Este é, no final das contas, o verdadeiro impasse. A questão não é apenas metafísica, e sim epistemológica.

A credibilidade da teologia cristã está essencialmente vinculada à credibilidade da revelação bíblica. A refutação do *Neo*-ateísmo e as críticas apresentadas com base na teoria científica e filosófica é grande auxílio. Contudo, o caráter auto-autenticável da revelação divina é o único fundamento sobre o qual o teísmo distintivamente *cristão* pode ser estabelecido.

CAPÍTULO 4

O Neo-ateísmo e o futuro do cristianismo

Não há duvida de que o *Neo*-ateísmo será um desafio permanente ao cristianismo no século XXI. Devido à grande notoriedade desse desafio e às dificuldades singulares apresentadas pelo *Neo*-ateísmo, como cristãos sensatos temos de estruturar nossa maneira de pensar a respeito do futuro com esta realidade em mente.

De fato, como o ateísmo tem sido um desafio permanente ao teísmo, devemos lembrar que a palavra *ateísta* não era necessária ao nosso idioma até o século XVI. Pesquisas recentes indicam que uma porcentagem crescente de americanos se identifica como ateístas ou agnósticos. É somente uma pequena minoria que se identifica abertamente como ateísta, mas o número de americanos que não se identifica com nenhuma fé específica está aumentando. E o perfil público do ateísmo está se tornando mais proeminente com o surgimento do *Neo*-ateísmo. Em outras palavras, o ateísmo parece ser uma opinião cultural mais legítima agora do que nos últimos anos do século XX.

Sem dúvida, o século XXI apresenta ao cristianismo outros desafios, além do *Neo*-ateísmo. No entanto, o *Neo*-ateísmo é, em si mesmo, uma ilustração primordial dos multiformes desafios teológicos que a igreja enfrenta na era pós-moderna. De fato, o *Neo*-ateísmo — preso inflexivelmente ao seu próprio conceito de conhecimento científico — é, de algum modo, uma refutação à atitude pós-moderna. Os novos ateístas não são relativistas e não crêem que toda verdade é apenas o produto de construção social. Pelo contrário, os novos ateístas dignificam a questão relacionada à verdade da mesma maneira como se opõem à verdade central do cristianismo — a existência do Deus que se auto-revela.

O fracasso da principal teoria de secularização, conforme observamos, é demonstrado no fato de que a ampla maioria dos americanos — e europeus, por essa razão — continua a afirmar alguma forma de identidade religiosa. Especialmente nos Estados Unidos, taxas elevadas de envolvimento religioso e identificação como cristãos continuam a refutar o modelo antigo de secularização que profetizava o desaparecimento da fé teísta, em face da vida e das novas categorias de pensamento da modernidade. Ao mesmo tempo, as mais recentes compreensões sobre a secularização, apresentadas por Charles Taylor, Peter Berger e Robert Wuthnow[1] sugerem que o processo de secularização nos Estados Unidos é visto com mais nitidez no crescimento da "espiritualidade" como um substituto para a identificação com a religião organizada. Steve Bruce, da Universidade de Aberdeen, concorda que a secularização produziu não uma ausência absoluta de religião, e sim a prevalência de uma forma monoteísta de crença. Essas formas de crenças vagamente teístas ou não-teístas podem variar desde o movimento da Nova Era até

---

[1] Ver, por exemplo, estas obras de Wuthnow: After the Baby-Boomers: America and the Challenges of Religious Diversity; After Heaven: Spirituality in America Since the 1950s; The Restructuring of American Religion.

O Neo-ateísmo e o futuro do cristianismo

às diferentes buscas por espiritualidade que caracterizam a cultura popular e são convenientes aos gostos pessoais.

* * *

Nos anos 1960, o professor de religião Joseph M. Kitagawa, da Universidade de Chicago, distinguiu as formas primitiva, clássica e moderna de religião.² Ao definir a religião "moderna", Kitagawa sugeriu que três fatores distinguem a forma moderna de religião. As religiões modernas exibem, primeiramente, uma "preocupação com o significado da existência humana"; em segundo, "uma soteriologia voltada para este mundo"; e, em terceiro, "a busca por 'liberdade', e não a preservação da 'ordem'."³

Em essência, Kitagawa argumentou que o colapso do sobrenatural e o declínio da autoridade levariam a uma transformação radical da religião na era moderna. De certo modo, ele viu a chegada da era pós-moderna. Os três fatores que ele identificou, embora no presente sejam um tanto anacrônicos, podem ser reconhecidos no contexto das "condições de crença mudadas" que representam agora um desafio ao cristianismo.

Os novos ateístas focalizam-se nestas mudanças de situações de crença usando uma estridente negação do teísmo como a peça central de seu argumento. Entre os novos ateístas, Sam Harris parece crer que um tipo de espiritualidade ocidental indefinida é perfeitamente aceitável, mesmo com a completa

---

2 KITAGAWA, Joseph M. "Primitive, classical, and modern religions: a perspective on understanding the history of religions". In: KITAGAWA, Joseph M. (ed.). *The history of religions:* understanding human experience. Atlanta: Scholars Press, 1987. p. 27-46.
3 Ibid. p. 41

negação do teísmo. Por outro lado, Richard Dawkins e Christopher Hitchens não demonstram respeito por qualquer espiritualidade indefinida que permanece quando o teísmo desaparece. Daniel Dennett, em poucas palavras, vê essas "espiritualidades" como algo menos perigoso do que o teísmo cristão.

De qualquer modo, a ênfase desta revisão é afirmar com clareza que o futuro do cristianismo não pode ser achado em alguma acomodação com a espiritualidade vaga ou com o *Neo*-ateísmo. Os cristãos têm de obter coragem para responder a este desafio com a plena medida de convicção e afirmação ousada do teísmo bíblico.

* * *

Nesta altura, é instrutivo observar que alguns teólogos têm apresentado propostas diferentes. Tina Beattie, vice-presidente da Sociedade Católica Teológica da Grã-Bretanha e professora de teologia na Universidade Roehampton, em Londres, respondeu ao *Neo*-ateísmo com a publicação de sua obra recente: *The New Atheists: The Twilight of Reason and the War on Religion*.[4] Beattie é uma feminista e teóloga católica. Em sua percepção, o *Neo*-ateísmo é um "fenômeno primariamente britânico e americano".[5] Ela vê o surgimento do *Neo*-ateísmo como uma oportunidade de substituir o teísmo cristão clássico por sua própria teologia revisionista.

Ela descreve a controvérsia sobre o *Neo*-ateísmo como um debate orientado aos homens. "Enfrento o *Neo*-ateísmo com

---

4 BEATTIE, Tina. *The new atheists:* the twilight of reason and the war on religion. Maryknoll, NY: Orbis, 2008.
5 Ibid. p. 5

argumentos diferentes daqueles apresentados por meus colegas homens que já entraram no combate", afirma Beattie.⁶ Ela se refere à natureza do debate como "carregada de testosterona" e argumenta: "Há algo um tanto engraçado, se não um tanto enfadonho, a respeito deste conflito perene entre homens de Grandes Idéias e teólogos machos que se apressam a defender o mesmo território pelo qual têm lutado durante séculos, agora colonizado por homens da ciência, e não por homens de Deus"⁷.

Beattie reconhece que o *Neo*-ateísmo apresenta realmente um desafio à teologia cristã. Todavia, ela lamenta o fato de que a resposta aos novos ateístas procede principalmente daqueles que estão despreparados para defender o teísmo bíblico. Em suas palavras:

> Aqueles que procuram apresentar uma visão mais positiva da religião procedem de uma perspectiva cristã bastante conservadora. Como resultado, o debate é focalizado restritamente em questões de racionalidade e crença, deixando de levar em conta os muitos e diferentes desafios apresentados tanto ao secularismo ocidental como às tradições religiosas por aqueles cujas vozes são excluídas da discussão.⁸

Tencionando vencer o argumento, Beattie insta: "Então, contendam os homens a respeito de Deus, se assim o querem. Meu interesse não é em debates a respeito de Deus, e sim a

---

6 Ibid. p. 9
7 Ibid. p. 9-10
8 Ibid. p. 2

criação e a natureza, a linguagem e o significado, as pessoas e a bondade".[9]

Em outras palavras, Tina Beattie quer substituir o teísmo cristão por uma teologia completamente nova, uma teologia que reverterá o que ela vê como a estrutura patriarcal da tradição cristã clássica e destronará autoridades tais como a da Bíblia como fundamento do método teológico.

É instrutivo observar a proposta de Beattie porque ele exorta a igreja cristã a tomar uma direção que outros podem ver como menos radical do que realmente é. Ela concorda com muitas das críticas que os novos ateístas lançam contra o cristianismo, mas argumenta que o cristianismo pode ser reconstituído em uma forma que evita esses erros visíveis.

Um fato interessante é como Beattie entende a conexão entre a doutrina da criação e o teísmo bíblico clássico. Seu teísmo radicalmente revisado é adaptado para incluir a teoria evolucionista — de fato, muito do naturalismo — admitida como fundamental pelos novos ateístas. Ela se sente embaraçada com o fato de que muitas das respostas cristãs ao *Neo*-ateísmo procedem de cristãos conservadores. Ela e muitos outros se sentem particularmente embaraçados pela influência continua do criacionismo. De fato, muitos teólogos liberais parecem crer que os criacionistas (e incluídos nessa categoria estão todos os que sugerem qualquer dúvida fundamental sobre a teoria da evolução) são, de fato, culpados do surgimento do *Neo*-ateísmo. Devido ao cientificismo e ao naturalismo que impelem o *Neo*-ateísmo, esse argumento se reduz ao fato de que os criacionistas trouxeram essa guerra ao cristianismo por insistirem que a evolução

---

9 Ibid. p. 16

não pode explicar o cosmos e que a teoria da evolução é incompatível com o teísmo bíblico.

Beattie acha que os ataques desencadeados por Richard Dawkins e Christopher Hitchens sobre o cristianismo são motivados pelo ânimo deles em relação às Escrituras cristãs. Na opinião dela, isso é totalmente desnecessário. Nesse caso, ela acusa Hitchens e Dawkins de cometerem o mesmo erro cometido pelos fundamentalistas — ler a Bíblia como se fosse verdadeira. Ela sugere que a melhor maneira de começar seria "relendo a Bíblia como ficção; uma ficção digna de leitura".[10]

Quando Hitchens e Dawkins se queixam dos atos de Deus no Antigo Testamento, Beattie insiste que esses atos não foram relatados para serem entendidos com seriedade. Os livros do Antigo Testamento são "documentos de valor histórico e literário inestimável", ela insiste, "mas o valor deles tem sido quase destruído por uma geração moderna de leitores, porque esses documentos contêm a mensagem da revelação divina que exige que sejam lidos não somente como literatura".[11] Ela concorda que o Antigo Testamento "inclui histórias chocantes de destruição e violência" e repudia "o tom deploravelmente misógino" de alguns dos escritos do Antigo Testamento.[12] Beattie sugere que essas histórias não devem ser lidas como verdades históricas e, menos ainda, como ordens divinas; antes, essas narrativas devem ser "entendidas em sentido contrário", como uma forma evidente de desconstrucionismo literário.

De modo semelhante, Beattie assegura aos novos ateístas que, no Novo Testamento, "não encontramos nem o milita-

---

10 Ibid. p. 82
11 Ibid. p. 81
12 Ibid. p. 82

rismo nem a poesia do Antigo Testamento — exceto na retórica vívida e sensacional do livro de Apocalipse".[13] À medida que ela amplia seu argumento, garante aos seus leitores que "os cristãos mais instruídos estão conscientes das contradições, dificuldades e anacronismos culturais encontrados no Novo Testamento".[14]

* * *

Abordagem semelhante é apresentada no livro *God and New Atheism: A Critical Response to Dawkins, Harris, and Hitchens*, escrito por John F. Haught, professor sênior de ciência e religião no Centro Teológico Woodstock, na Universidade de Georgetown.[15] Há muito tempo Haught tem se envolvido no debate sobre a relação entre a teologia e a ciência. Durante 35 anos ele tem servido como diretor do Departamento de Teologia da Universidade de Georgetown. Suas obras anteriores incluíam avaliações teológicas positivas sobre Darwin e a evolução. No livro *God and New Atheism*, Haught, assim como Beattie, lamenta o fato de que muita atenção tem sido dada ao conflito entre os cristãos conservadores e os novos ateístas.

No entanto, a crítica de Haught é muito mais perspicaz e interessante do que a crítica apresentada por Tina Beattie. Ele escreveu a respeito dos novos ateístas com um sentimento bem próximo de fadiga, discernindo esse novo movimento como, em última análise, teologicamente desinteressante. Ele escreveu:

---

13 Ibid. p. 83
14 Ibid.
15 HAUGHT, John F. *God and the new atheism:* a critical response to Dawkins, Harris and Hitchens. Louisville: Westminster, 2008.

O Neo-ateísmo e o futuro do cristianismo

Tenho de confessar meu desapontamento em testemunhar o recente crescimento do interesse pelo ateísmo. Isso não significa que minha vida como teólogo esteja em jogo — embora os autores em questão desejassem fervorosamente que assim fosse. Também não significa que a abordagem religiosa nesses panfletos consiste amplamente de generalizações exageradas e frias que omitem quase tudo que os teólogos gostariam de enfatizar em sua discussão contemporânea a respeito de Deus. Pelo contrário, o *Neo*-ateísmo é teologicamente não-desafiador. O seu envolvimento com a teologia permanece quase no nível da reflexão sobre a fé, a reflexão que pode ser encontrada na literatura criacionista e fundamentalista contemporânea. Isso não é surpreendente, visto que tem sido dos teístas criacionistas e adeptos do *design* inteligente que os novos ateístas têm obtido maior parte de seu entendimento sobre a fé religiosa. Os teólogos das principais correntes, bem como os estudantes de história intelectual, encontrarão nessas obras bem pouco que já não tenham visto antes.[16]

Haught firmou sua respeitabilidade teológica no fato de que não há nenhum conflito fundamental entre Darwin e a teologia cristã — pelo menos, a teologia do protestantismo liberal e dos católicos liberais. E, no nível mais fundamental, ele rejeita o argumento central de Richard Dawkins e Daniel Dennett, o argumento de que "a pessoa tem de decidir entre as explicações teológicas e as darwinianas".[17]

Quando Haught se refere à "teologia", ele se refere exclusivamente àqueles que se identificam com a trajetória mais liberal do pensamento teológico do século XX, tanto

---

16 Ibid. xi
17 Ibid.

protestante como católico romano. Assim ele descreveu seu método teológico:

> Ao usar o termo "teológico", pretendo afirmar, antes de tudo, que minhas reflexões surgiram do fato de que pertenço a uma tradição religiosa teísta, ou seja, uma tradição que professa crer em um Deus pessoal, um Deus de infinito poder, que criou e sustenta o mundo e sempre o abre para um futuro novo e sem precedente, um Deus que faz novas todas as coisas. Esse entendimento essencialmente bíblico de Deus advoga que podemos nos aproximar do mistério divino tão somente pela fé, confiança e esperança (que são conceitos quase indistinguíveis na literatura bíblica), e não como uma possessão cognitiva ou religiosa. No entanto, embora Deus não possa ser conhecido sem fé e esperança, a maior parte da teologia admite que fé e esperança são totalmente coerentes com o apoio completo da razão humana, incluindo sua busca de entendimento científico.[18]

Os teólogos que Haught identifica como exemplos de seu modelo de teologia incluem Paul Tillich, Alfred North Whitehead, Paul Ricoeur, Rudolf Bultmann, Edward Schillebeeckx, Bernard Lonergan, Karl Barth, Karl Rahner, Jürgen Moltmann, Wolfhart Pannenberg, Dorothee Sölle e Sallie McFague, entre outros. Em maior ou menor extensão, aquilo que caracteriza a concordância entre esses teólogos é a rejeição do teísmo clássico e da revelação proposicional. O que torna essa lista ainda mais interessante é o fato de que várias dessas pessoas alistadas entre os teólogos favoritos de Haught são aqueles que rejeitariam a própria definição de

---

18 Ibid. xii

teologia admitida por ele — especialmente, sua insistência na crença em um Deus pessoal.

Assim como Beattie, Haught está convencido de que os novos ateístas cometeram o erro de entender o cristianismo por meio da percepção dos cristãos conservadores. Os cristãos conservadores e os novos ateístas cometem o erro de pensar sobre a fé "em um sentido intelectual e proposicional".[19] Isso, Haught afirma, é o mesmo que "ecoar uma teologia agora obsoleta".[20]

À semelhança de McGrath, Haught acusa Richard Dawkins, em particular, de estender falsamente o método científico a todas as áreas do conhecimento. Ele cita, com reprovação, a palestra de Dawkins na Conferência Tanner sobre Valores Humanos, em 2003. Nessa palestra, Dawkins afirmou: "Talvez a humanidade nunca chegue ao entendimento pleno no fim, mas, se atingirmos isso, arrisco-me a predizer com confiança que será a ciência, e não a religião, que nos levará a esse ponto. E, se isso parece cientificismo, melhor ainda para o cientificismo".[21] Nesse sentido, Haught quase chega a acusar Dawkins de fundamentalismo, a acusação central da crítica de McGrath.

E, como Alvin Plantinga, Haught sugere que os novos ateístas carecem de um conhecimento que um aluno de primeiro ano em filosofia e teologia teria. Em uma das seções mais interessantes da crítica, Haught sugere que os novos ateístas perdem seu brilho, quando avaliados à luz do ateísmo linha mais dura representado por Albert Camus e Jean-Paul Satre. Para confirmar esse argumento, Haught cita a observação de Satre

---

19 Ibid. p. 5
20 Ibid.
21 Ibid. p. 19

no sentido de que "o ateísmo é uma atividade cruel, de longo alcance".[22] Em essência, Haught argumenta que os novos ateístas fracassam em assumir o seu próprio ateísmo com toda a seriedade. Os velhos ateístas, identificados como os "críticos mais severos da religião", eram, de acordo com Haught, "pelo menos mais inteligentes a ponto de compreender que uma aceitação completa da morte de Deus exigiria uma ascese completamente ausente nas fórmulas do *Neo*-ateísmo".[23]

Na parte central de seu livro, Haught retorna à preocupação de que os novos ateístas entenderam erroneamente o cristianismo como projeto. Ao identificar a teologia cristã com suas formas mais conservadoras, os novos ateístas perdem de vista o fato de que os teólogos começaram a jogar um jogo totalmente novo.

Por exemplo, Haught e Beattie ficam admirados com a identificação da teologia cristã com literalismo bíblico. "Tanto os literalistas científicos como os bíblicos compartilham da crença de que não há nada por trás do texto que estão lendo — a natureza, no caso da ciência; as Escrituras Sagradas, no caso da religião".[24] O literalismo bíblico é o erro que se reflete no cientificismo porque "o literalista religioso supõe que toda a profundeza do que se passa no mundo real se torna clara ao verdadeiro crente por meio do sentido mais evidente do texto sagrado".[25]

Esta análise, em perfeita coerência com o método teológico que Haught articulou, permite-lhe, bem como a Beattie, desconstruir o texto bíblico, a fim de remover aquelas

---

22 Ibid. p. 20
23 Ibid. p. 21
24 Ibid. p. 30
25 Ibid.

passagens tão ofensivas aos novos ateístas. A teologia cristã, de acordo com a definição de Haught, evita "a mentalidade tipicamente criacionista e historicamente anacrônica" compartilhada tanto pelos cristãos conservadores como pelos novos ateístas. Quando Christopher Hitchens destaca supostas discrepâncias e contradições no texto bíblico, Haught não se abala com isso. De fato, ele alega que Hitchens "compartilha com seus adversários extremamente religiosos a suposição de que apreender o pleno conteúdo da fé bíblica exige que o texto sagrado seja entendido literalmente".[26] De acordo com Haught, "hoje muitos eruditos cristãos se deleitam com os relatos irreconciliáveis do nascimento de Jesus, visto que por meio deles os dois evangelistas [Mateus e Lucas] introduzem temas teológicos que lhes são peculiares, desenvolvidos no restante de seus evangelhos".[27]

Torna-se evidente que Haught está tão preocupado com aqueles que ele chama de crentes "extremistas" como estão os novos ateístas. Isto significa que Haught, assim como Beattie, sente-se particularmente horrorizado com aqueles que defendem a historicidade dos relatos sobre a criação apresentados no livro de Gênesis e, de modo mais amplo, com aqueles que argumentam que a teoria evolucionista e o teísmo bíblico são fundamentalmente incompatíveis. Daniel Dennett, ele argumenta, entende a Bíblia da mesma maneira literalista como os criacionistas o fazem.

Os novos ateístas identificam o cristianismo em termos de seus "fundamentalistas e fanáticos";[28] deste modo, eles in-

---

26 Ibid. p. 31
27 Ibid.
28 Ibid. p. 36

terpretam erroneamente a forma pós-moderna da fé cristã. Como explica Haught:

> Os novos ateístas, nenhum dos quais exibe especialização erudita no campo dos estudos religiosos, têm evitado metodicamente os eruditos bíblicos e teólogos como irrelevantes ao tipo de instrução que seus livros tencionam prover. Em vez disso, obtiveram sua erudição em estudos religiosos, ao limitarem sua pesquisa quase exclusivamente aos radicais e reacionários sobre os quais nos advertem. A fim de assimilar o que a religião é, os ateístas dão a entender que o essencial é focarmos os seus extremistas, interpretes literalistas, super-sectários, inquisidores e terroristas.[29]

Quando os novos ateístas, Sam Harris em particular, afirmam que a teologia tem de ser eliminada em todas as formas, Haught sugere que o argumento de Harris "é comparável, de fato, a acabar com o abuso sexual abolindo, primeiramente, o sexo".[30]

Até o momento da conclusão deste livro, Haught não reivindicou um novo diálogo entre teólogos cristãos e os novos ateístas. Em vez disso, ele apenas observou que "o nível de discernimento teológico dos novos ateístas é bastante superficial e impreciso até para começar tal diálogo".[31]

* * *

---

29 Ibid.
30 Ibid. p. 37
31 Ibid. p. 93

O Neo-ateísmo e o futuro do cristianismo

Quando consideramos estas duas respostas liberais ao *Neo-ateísmo*, podemos detectar uma trajetória também compartilhada por alguns que são menos honestos a respeito de suas convicções liberais. No fim das contas, Tina Beattie e John Haught nos ajudam a entender que uma resposta de acomodação aos novos ateístas — e ao grande desafio do pensamento moderno — não é uma opção. Os cristãos evangélicos não podem comprometer a autoridade bíblica, a revelação proposicional e o teísmo bíblico tão-somente para satisfazer os vários desafios que se nos apresentam neste século XXI.

Examinar com atenção um aspecto específico da resposta liberal é instrutivo. Uma das ironias do argumento de Haught é que ele afirma a existência de um Deus pessoal, mas indica Paul Tillich como um exemplo de método teológico que ele endossa – o método teológico que os novos ateístas perderam de vista completamente, afirma Haught. A ironia, neste caso, é que Paul Tillich rejeita de maneira explícita a noção de um Deus pessoal. De fato, Tillich afirmou que o próprio conceito de um Deus pessoal era, em essência, uma forma de idolatria.

Essa ilustração assume uma importância ainda maior à luz do fato de que Tillich também foi mencionado por Carl Sagan. Falecido em 1996, Sagan era professor de astronomia na Universidade Cornell. Antes da ascensão de Richard Dawkins, Sagan era quase certamente o cientista mais famoso no mundo, rivalizando apenas com Stephen Hawking, da Universidade de Cambridge. Sagan, assim como Dawkins, era um ateísta dogmático. Em 1985, ele foi convidado a discursar nas famosas Palestras Gifford, na Escócia — e fez uma palestra dedicada explicitamente à religião natural. Em sua palestra, Sagan defendeu sua cosmovisão ateísta, enquanto sugeriu que o teísmo era um conceito sobremodo incoerente. E, o que é mais importante, ele argumentou que Paul Tillich servia como uma ilustração desta confusão. Nas palavras de Sagan:

> E o assunto se torna mais confuso pelo fato de que teólogos proeminentes como Paul Tillich, por exemplo, que discursou nas Palestras Gifford alguns anos atrás, negou a existência de Deus, pelo menos como um poder sobrenatural. Ora, se um teólogo tão estimado (e ele não é o único) nega que Deus é um ser sobrenatural, o assunto me parece ser um tanto confuso. O conjunto de hipóteses que estão seriamente incluídas sob o título "Deus" é imenso. Uma visão ocidental ingênua de Deus é a figura de um homem muito pálido, de tamanho incomum, que tem uma longa barba branca, se assenta em um trono enorme no céu e conta a queda de cada pardal.[32]

A ironia do ateísmo de Tillich é incrivelmente instrutiva. Escrevendo 20 anos antes de Carl Sagan fazer seu discurso nas Preleções Gifford, o filósofo ateísta Sidney Hook, da Universidade de New York, publicou um ensaio intitulado "O Ateísmo de Paul Tillich".[33] Hook identificou Tillich como "um das figuras heróicas do pensamento religioso",[34] mas fundamentou o heroísmo de Tillich no fato de que ele, com outros ateístas, se mostrou disposto a declarar que o Deus do cristianismo clássico está morto. Neste caso, a perspectiva de Hook, como um ateísta reconhecido, é muito proveitosa,

---

32 SAGAN, Carl. *The varieties of scientific experience:* a personal view of the search for God. Editado por Ann Druyan. New York: Penguin, 2006. p. 149.
33 Hook, Sidney. "The atheism of Paul Tillich". In: Hook, Sidney (ed.). *Religious experience and truth:* a symposium. New York: New York University Press, 1961.
34 Ibid. p. 59

pois nós, assim como ele, perguntamos em que sentido Tillich pode ser considerado um teólogo.

> Com admirável coragem, Tillich afirma ousadamente que o Deus das multidões não existe e, além disso, crer em sua existência significa crer em um ídolo e, em última instância, significa aceitar uma superstição. Deus não pode ser uma entidade entre muitas outras, mesmo as mais elevadas. Ele é o ser em si mesmo. Neste sentido, o Deus de Tillich é semelhante ao Deus de Spinoza e o Deus de Hegel. Spinoza e Hegel foram denunciados como ateístas pelos teólogos do passado, porque o Deus deles não era um Ser ou uma Entidade. No entanto, Tillich é um dos mais notáveis teólogos de nossa época.[35]

Tudo isso me recorda a minha citação favorita do famoso historiador Eugene D. Genovese, um ateísta, que escreveu: "Não quero ofender ninguém, mas é necessário que conheçamos uns aos outros. E, quando leio muito da teologia protestante e da história religiosa de nossos dias, tenho a forte impressão de que estou na companhia de colegas incrédulos".[36]

Portanto, Tillich, Beattie e Haught, servem para recordar-nos o caminho que um teólogo cristão não deve seguir. Não podemos seguir os programas oferecidos pela teologia liberal e pelos revisionistas liberais. Teólogos, incluindo aqueles que se identificam como evangélicos que insistem em uma postura de acomodação ao secularismo moderno, estão oferecendo uma prescrição para o desastre teológico. O Deus que deve ser tornado aceitável à era

---

35 Ibid. 62
36 GENEVOSE, Eugene D. *The southern front*: history and politics in the cultural war. Columbia, MO: University of Missouri Press, 1995. p. 9-10.

secular não reflete qualquer semelhança com o Deus da Bíblia. Esta nova divindade é um deus que não pode salvar.

* * *

Em conclusão, temos de retornar ao ponto em que começamos. Torna-se evidente que o *Neo*-ateísmo tem explorado uma abertura deixada pelas mudanças significativas nos padrões de pensamento prevalecentes. À luz deste fato, as contribuições de Charles Taylor são especialmente úteis. Temos de reconhecer que a maioria das pessoas bem instruídas que vivem nas sociedades ocidentais habitam um espaço cultural em que as situações de crença têm mudado radicalmente. Embora no passado tenha sido impossível *não* crer e, em seguida, *possível* não crer, a posição padrão hoje é a de que é impossível *crer*. O sistema de crença referido nesta formula é a do teísmo bíblico — a superestrutura ampla da fé cristã.

Em termos de nosso mandato evangelístico e apologético, é bastante útil reconhecer que apenas uma minoria dos que procuramos alcançar com o evangelho se identificam verdadeira e conscientemente com o ateísmo, em qualquer de suas formas. No entanto, o surgimento do *Neo*-ateísmo apresenta uma alternativa sedutora aos que agora são inclinados a identificar-se de maneira mais pública e consciente com a incredulidade organizada. O maior desafio para muitos de nós é comunicar o evangelho a pessoas cuja mente é mais indiretamente moldada por essas condições de crença mudadas.

A grande sedução se dirige àquelas formas vagas de "espiritualidade" teísta que se tornaram o sistema de crença (embora momentânea) de muitas pessoas. Essas são as pessoas, como

O Neo-ateísmo e o futuro do cristianismo

disse Daniel Dennett, que mais provavelmente crerão na crença, em vez de crerem em Deus.

A igreja cristã tem de responder ao desafio do *Neo*-ateísmo com plena convicção. Devemos lembrar que, em sua história, a igreja já enfrentou inúmeros desafios teológicos. Portanto, agora, cumpre-nos articular, comunicar e defender a fé cristã com integridade intelectual e urgência evangelística. Não devemos imaginar que essa tarefa será fácil. E, à luz desse desafio, não podemos esquivar-nos do debate público e da conversa particular.

Em última análise, o *Neo*-ateísmo apresenta à igreja cristã um grande momento de esclarecimento. Os novos ateístas, entendem, de fato, o que estão rejeitando. Quando Sam Harris define a verdadeira religião como qualquer "crença em um agente sobrenatural ou agentes cuja aprovação deve ser buscada", ele compreende aquilo que muitos confusos não entendem. Isto significa que até os novos ateístas reconhecem que o único Deus que importa é realmente o Deus sobrenatural — o Deus pessoal — o Deus que julgará. Em última análise, a existência do Deus sobrenatural, auto-existente e auto-revelador é o único ponto de partida adequado para a teologia cristã. Ou Deus possui todas as perfeições reveladas nas Escrituras, ou não existe uma teologia coerente apresentada na Bíblia.

A esta altura, a definição do termo "cristão" também é crucial. Harris define um cristão como alguém que crê "que a Bíblia é a Palavra de Deus, Jesus é o filho de Deus, e somente aqueles que depositam sua fé em Jesus encontrarão salvação depois da morte". Nesta definição, ele expressa, novamente, muito mais clareza do que o fazem muitos cristãos quanto àquilo em que devem crer. Os novos ateístas estão corretos a respeito de um fato importante — é ateísmo ou teísmo bíblico. Não há posição intermediária.

FIEL Editora

A Editora Fiel tem como propósito servir a Deus através do serviço ao povo de Deus, a igreja.

Em nosso site, na internet, disponibilizamos centenas de recursos gratuitos, como vídeos de pregações e conferências, artigos, e-books, livros em áudio, blog e muito mais.

Oferecemos ao nosso leitor materiais que, cremos, serão de grande proveito para sua edificação, instrução e crescimento espiritual.

Assine também nosso informativo e faça parte da comunidade Fiel. Através do informativo, você terá acesso a vários materiais gratuitos e promoções especiais exclusivos para quem faz parte de nossa comunidade.

Visite nosso website

www.editorafiel.com.br

e faça parte da comunidade Fiel

Editora Fiel

Esta obra foi composta em Minion Pro Regular 11, e impressa
na Promove Artes Gráficas sobre o papel Pólen Soft 70g/m²,
para Editora Fiel, em Março de 2021